현직 교사가 내 아이에게 몰래 읽히고 싶은

인문교양서 50

현직 교사가 내 아이에게 몰래 읽히고 싶은
인문 교양서 50

1판 1쇄 발행 2023년 1월 20일

지은이 윤지선
발행인 조상현
마케팅 조정빈 **편집인** 경영선 **디자인** 페이퍼컷 장상호

발행처 더디퍼런스
등록번호 제2018-000177호
주소 경기도 고양시 덕양구 큰골길 33-170(오금동)
문의 02-712-7927 **팩스** 02-6974-1237
이메일 thedibooks@naver.com **홈페이지** www.thedifference.co.kr

ISBN 979-11-6125-381-7 03370

현직 교사가 내 아이에게
몰래 읽히고 싶은

인문 교양서 50

초등 교사
윤지선

지음

초등 시크릿 독서 교육 시리즈

더디퍼런스

('교과서에서 인문학을 만나다' 강연장. 강연 시작 전.)

어머니 1	현아 엄마, 이번에 조카 S대 갔다며?
	비법이 뭐래?

어머니 2	오빠랑 새언니가 공부로 스트레스를 주거나
	학원을 돌리는 스타일이 아니야.
	근데 조카가 워낙 책을 좋아해서
	어렸을 때부터 책을 많이 읽었어.
	그래서 기본적으로 문해력이 받쳐 줘서 국어는 늘 1등급이었대.

어머니 1	아이 아빠 회사에 이사님 딸도 고 3인데
	중학교 때까지 전교 1, 2등 하다가 고등학교 때 방황을 좀 했나 봐.
	그런데 이번에 인서울 상위권 대학 갔잖아.

어머니 3	어떻게 그게 가능해?

어머니 1	그 집 애도 어렸을 때부터 책을 좋아했대.
	책을 읽고 나면 엄마가 시키지 않아도
	독서 Q&A 다이어리를 만들어서 쓰고 그랬나 봐.

어머니 3	역시 국어 실력이 상위권을 결정하는구나!

윤지선 선생님 국어가 상위권을 결정합니다. 그건 진리예요.
독해력이 있는 아이들은 생각의 깊이가 다르죠.
자신의 인생을 스스로 설계하고 이끌어 나가는 힘이 있습니다.

그런데 많은 아이가 '독서'는 하지만
'독해'를 하지 못해요.

책의 내용을 읽고 있지만 책이 주는 교훈이 무엇인지
작가가 무엇을 말하려고 책을 썼는지를 생각해 보지 않는 거죠.

책을 읽고 나면 단순히 '재미있었다', '즐거웠다'의 감상이 아닌
자신만의 언어로 표현할 줄 알아야 합니다.

책을 읽고 아이가 작가처럼 생각해 보는 거죠.
아이 스스로는 기승전결이 있는 이야기를 생각해 내기 힘들지만
책을 읽고 근원적인 질문에 답해 보면서 작가의 사고를 하면
인문 교양 사고력뿐 아니라 문해력도 향상하죠.

당신의 아이는 '독서'*를 하고 있나요?
'독해'*를 하고 있나요?

★ 독서:
　　책을 읽는 행위
★ 독해:
　　글을 읽어서 뜻을 이해함

교과서에서 인문학을 만나다

'세상을 보는 안목과 인간을 이해하는 능력'
바로 초등 교육 과정에서 표방하는 '인문학적 소양'입니다.

우리 아이들, 세상을 바로 보고 타인을 잘 이해하고 있을까요?

저는 어렸을 적부터 책을 참 좋아했어요. 도서관에만 가면 세포 하나하나가 살아 숨 쉬는 것 같은 황홀경에 빠지기도 했답니다. 그런데 수많은 책 중에서 어떤 책이 좋은 책인지 찾는 건 '보물찾기'처럼 즐겁지만 어려운 일이었어요.

엄마가 되고서 도서관에 가 보니 제가 어릴 때와는 비교할 수 없을 만큼 종류와 분야가 다양한 양서가 있더라고요. 수많은 책 중 우리 아이에게는 정말 좋은 책을 골라 주고 싶은데 이 또한 쉽지 않았습니다.

그래서 아이들 어렸을 때는 누가 좋다고 하면 비싼 돈을 주고 전집을 사서 책장에 꽂아 놓고는 흐뭇해했죠. 당대 최고의 작가가 쓴 책을 사 주지 않으면 '나쁜 엄마'가 되는 것 같아서 인기 있는 책은 사서 모으기 시작했어요. 그런데 새로운 책은 계속 나왔고 인기 있는 책은 주로 '창작 동화'였어요.

어떻게 하면 '내 아이에게 정말 좋은 책'을 읽힐 수 있을까?' 고민했습니다.

수능 만점자들은 입을 모아 말하죠.
"교과서로 공부했어요."
네! 저도 교과서에서 해답을 찾기로 했답니다.

20년 동안 초등 교육 현장에서 아이들을 지도하면서 알고 있던 '인문학적 상상력'을 자극하고 '교과와 연계'되면서 '배경 지식'을 쌓을 수 있는 그런 책 말이죠.

'교사 엄마가 아껴 두고 내 자녀에게만 몰래 추천하고 싶은 책'을 찾아서 저처럼 고민하는 부모님들께 공개하고 싶었습니다.

수많은 책 중 엄마가 골라 주는 책.

그것도 정말 중요하고 가치 있는 책이라면 부모님의 시간과 노력을 덜 들이고 그 야말로 '손 안 대고 코 푸는' 좋은 기회가 되겠지요?

수업을 하다 보면 배경 지식이 부족해서 수업 중에 어려움을 겪는 아이들이 많아요. 예를 들어 『금도끼 은도끼』 이야기를 하며 '정직'의 중요성을 말하면 책 내용을 모르는 경우도 많고요. 내용을 설명해 주더라도 '정직'이라는 어휘가 무엇을 말하는지를 몰라서 '정직'에 대해 설명하느라 국어 수업이 진행되지 못하는 경우도 많아요.

아이들은 책을 많이 읽지만 좋은 책을 '독해'하면서 즉, 해석하면서 읽지 않아서 미루어 짐작해서 알 수 있는 '어휘'의 해석에도 어려움을 느끼는 거죠. 내용은 읽지만 이 책이 주는 교훈이 무엇인지 무얼 말하고자 작가가 이 책을 썼는지를 생각해 보지 않고 '읽기'에만 초점을 맞추었기 때문이지요.

문해력이 좀처럼 나아지지 않는 아이들!

그걸 걱정하시는 부모님들!

그래서 현직 교사인 제가 내 아이에게만 몰래 읽히고 싶은 '50권의 양서'를 엄선해 쉽고 재미있게 정리했습니다.

초등 시기는 심리학의 대가 피아제가 말하는 구체적 조작 시기로 아이들은 눈에 보이지 않는 것을 추론하고 미루어 짐작하는데 어려움을 느낍니다. 인문 교양 소양을 넓히기 위한 '결정적 시기'인 초등에 좋은 책을 통해 깊이 사고하는 경험을 한 아이들은 스스로 사고하면서 메타인지가 발달하죠.

또, 상대를 배려하고 이해하는 것이 아직 미숙한 아이들에게 '진정한 행복', '모험', '우정', '성 역할', '상상의 힘', '정체성' 같은 생소한 키워드를 제시해 줌으로써 상대를 배려하고 내면의 힘을 기르는 데 도움을 줍니다.

현재 우리나라 학생들의 문해력 수준은 OECD 평균보다 낮은 편이고 COVID19 팬데믹 이후로 학력 저하 문제도 심각한 상황이거든요. 교육부는 이러한 문제점을 해결하려고 2022년 개정 교육 과정을 만들었어요. 2022 초등 교육 과정에서는 국어 교육 시간을 늘리고 독서 활동을 강조해요.

그럼 어떤 책을 읽히고 어떻게 아이들과 대화해야 할지, 책에서 말하는 핵심 가치가 무엇인지, 핵심 가치를 어떻게 내면화시킬지를 부모님 혼자 판단하고 결정하기란 어렵습니다.

이 책에 나와 있는 필독서 50권을 보시면 아이들과의 '도서관' 나들이가 참 즐거우실 거예요. 제가 제시한 대로 질문해 보시고, 함께 활동해 보세요. 책의 마지막 페이지를 넘길 때쯤 우리 아이가 얼마나 '성장'해 있을지 기대하면서 말이죠. 초등 남매를 둔 엄마 선생님으로 부모님 맞춤 책이라 자부할 수 있습니다.

12월의 학교는 참 바쁩니다.
운동장에는 소복히 눈이 쌓이고 아이들의 마음은 쌓인 눈만큼 들떠 있지요.

생활 지도가 참 힘든 시기예요.

이때! "얘들아 도서관 가서 책 읽자!"라고 하면 아이들이 정말 좋아합니다.

부모님들!

도서관을 놀이터처럼 생각하는 아이로 키워 주세요.

인문학적 상상력이 샘솟아 자기 성찰을 하고 내면의 힘이 강한 아이로 키워서 미래의 훌륭한 인재가 될 기회를 주세요.

학교에서는 누구보다 멋지고 자신감 있게 발표하고 고고한 한 마리 학처럼 빛나는 아이로 키워 주세요. 인문학적 소양을 갖춘 아이라면 생각의 깊이와 점잖고 논리적인 말솜씨에 모두들 놀라게 될 겁니다.

그 아이가 여러분의 자녀가 될 수 있습니다.

엄마가 글 쓰는 동안 책 읽고, 공부하고, 열심히 생활해 준 소준 남매와 한없이 지지해 주는 남편과 부모님, 사랑하는 가족들께 감사의 마음을 전합니다.

초등 교사 윤지선

CONTENTS

프롤로그 교과서에서 인문학을 만나다 **006**

이 책의 활용법 **013**

현직 교사가 내 아이에게 몰래 읽히고 싶은
인문 교양서 50   저학년

• 거인 부벨라와 지렁이 친구 조 프리드먼, 샘 차일즈 **016**

• 종이 봉지 공주 로버트 문치, 마이클 마르첸코 **020**

• 꼴찌라도 괜찮아 유계영, 김중석 **024**

• 달 샤베트 백희나 **028**

• 지각대장 존 존 버닝햄 **032**

• 이게 정말 나일까 요시타케 신스케 **036**

• 나는 나의 주인 채인선, 안은진 **040**

• 할머니의 여름휴가 안녕달 **046**

• 장수탕 선녀님 백희나 **050**

• 7년 동안의 잠 박완서, 김세현 **054**

• 42가지 마음의 색깔 크리스티나 누네스 페레이라, 라파엘 R. 발카르셀 **058**

• 거인의 정원 오스카 와일드 **062**

• 신고해도 되나요? 이정아, 윤지회 **066**

• 쇠를 먹는 불가사리, 불가사리를 기억해 정하섭·유영소, 임연기·이영림 **070**

• 프레드릭 레오 리오니 **074**

• 황새의 엉터리 판결 박성아, 채수현 **078**

• 내가 조금 불편하면 세상은 초록이 돼요 김소희, 정은희 **082**

• 파란 티셔츠의 여행 비르기트 프라더, 비르기트 안토니 **086**

• 사람들이 세상을 바꾸기 시작했어요 스테판 미예루, 세바스티앙 셰브레 **090**

• 비밀의 문 에런 베커 **094**

현직 교사가 내 아이에게 몰래 읽히고 싶은 인문 교양서 50

현직 교사가 내 아이에게 몰래 읽히고 싶은
인문 교양서 50 　　　　　　　　　　　　　중학년

• 만년샤쓰 방정환, 김세현 **100**

• 걱정 세탁소 홍민정, 김도아 **104**

• 나쁜 어린이 표 황선미, 이형진 **108**

• 만복이네 떡집 김리리, 이승현 **112**

• 엄마 사용법 김성진, 김중석 **116**

• 내 동생 싸게 팔아요 임정자, 김영수 **120**

• 발레 하는 할아버지 신원미, 박연경 **124**

• 아낌없이 주는 나무 쉘 실버스타인 **128**

• 나는 3학년 2반 7번 애벌레 김원아, 이주희 **132**

• 리디아의 정원 사라 스튜어트, 데이비드 스몰 **136**

• 투발루에게 수영을 가르칠 걸 그랬어! 유다정, 박재현·이예휘 **140**

• 자유가 뭐예요? 오스카 브르니피에, 프레데릭 레베나 **144**

• 프린들 주세요 앤드루 클레먼츠 **148**

• 그 소문 들었어? 하야시 기린, 쇼노 나오코 **152**

• 바삭바삭 갈매기 전민걸 **156**

현직 교사가 내 아이에게 몰래 읽히고 싶은
인문 교양서 50 　　　　　　　　　　고학년

- 행복한 청소부 모니카 페트, 안토니 보라틴스키 **162**
- 해리엇 한윤섭, 서영아 **166**
- 수일이와 수일이 김우경, 권사우 **170**
- 복제인간 윤봉구 임은하, 정용환 **174**
- 서찰을 전하는 아이 한윤섭, 백대승 **178**
- 잘못 뽑은 반장 이은재, 서영경 **182**
- 뻥튀기 고일, 권세혁 **186**
- 마음의 온도는 몇 도일까요? 정여민, 허구 **190**
- 악플전쟁(마녀사냥) 이규희, 한수진 **194**
- 구멍 난 벼루 배유안, 서영아 **198**
- 나는 비단길로 간다 이현, 백대승 **202**
- 생각 깨우기 이어령, 노인경 **206**
- 10대를 위한 정의란 무엇인가 마이클 샌델, 조혜진 **210**
- 니 꿈은 뭐이가? 박은정, 김진화 **214**
- 그레타 툰베리 발렌티나 카메리니, 베로니카 베치 카라텔로 **218**

부록 초등학교 국어 교과서 수록 도서 리스트 **222**

이 책의 활용법

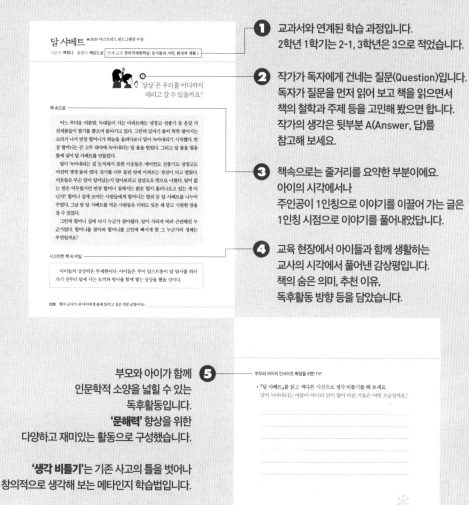

① 교과서와 연계된 학습 과정입니다.
2학년 1학기는 2-1, 3학년은 3으로 적었습니다.

② 작가가 독자에게 건네는 질문(Question)입니다.
독자가 질문을 먼저 읽어 보고 책을 읽으면서
책의 철학과 주제 등을 고민해 봤으면 합니다.
작가의 생각은 뒷부분 A(Answer, 답)를
참고해 보세요.

③ 책속으로는 줄거리를 요약한 부분이에요.
아이의 시각에서나
주인공이 1인칭으로 이야기를 이끌어 가는 글은
1인칭 시점으로 이야기를 풀어내었답니다.

④ 교육 현장에서 아이들과 함께 생활하는
교사의 시각에서 풀어낸 감상평입니다.
책의 숨은 의미, 추천 이유,
독후활동 방향 등을 담았습니다.

⑤ 부모와 아이가 함께
인문학적 소양을 넓힐 수 있는
독후활동입니다.
'문해력' 향상을 위한
다양하고 재미있는 활동으로 구성했습니다.

'생각 비틀기'는 기존 사고의 틀을 벗어나
창의적으로 생각해 보는 메타인지 학습법입니다.

'생각을 점프 업' 해 보기는
주제를 심화시켜
독해력 향상을 빠르게 돕습니다.

현직 교사가 내 아이에게
몰래 읽히고 싶은

인문 교양서 50
──저학년

거인 부벨라와 지렁이 친구 ★교과서 수록 도서

글, 그림 조 프리드먼, 샘 차일즈 출판사 주니어RHK 연계 교과 국어 3-2

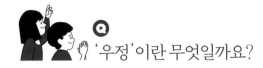 **Q** '우정'이란 무엇일까요?

책 속으로

거인 소녀 부벨라는 자신을 보면 도망치는 사람들로 늘 외로웠다. 그러던 어느 날 작은 지렁이 제이미가 부벨라에게 자연스럽게 말을 걸어온다. 부벨라는 자신을 두려워하지 않는 지렁이에게 자신이 무섭지 않냐고 용기 내어 물어본다. 하지만 지렁이는 이 세상에 모든 것이 자신보다 큰데 그걸 다 두려워한다면 자신은 평생 말을 하지 못하고 살 거라며 부벨라의 외모는 전혀 문제가 되지 않는다고 한다.

자신감이 생긴 부벨라는 지렁이를 집에 초대하지만 지렁이가 무엇을 좋아하는지 몰라 고민에 빠진다. 그때 정원사 아저씨는 지렁이는 넓은 곳을 다니지 못하니 다른 집 정원의 흙을 좋아할 거라고 말해 준다. 부벨라는 자신을 피하지도 않고 친절하게 말해 준 정원사 아저씨에게 보답하고 싶어 마법을 부려 아저씨의 굽은 허리를 꼿꼿하게 펴 준다. 부벨라는 지렁이를 만난 이후 자신에게 마법의 힘까지 생긴 사실에 놀라워하며 이 변화는 분명 지렁이를 만난 이후부터라고 확신한다. 부벨라는 지렁이를 집에 초대해 진흙 파이를 만들어 극진히 대한다.

부벨라는 친구와 함께하는 즐거움을 알게 해 준 지렁이에게 검고 폭신한 흙으로 채운 성냥갑을 선물하고 성냥갑에 가죽 줄을 매달아 늘 지렁이와 함께한다. 두 친구는 열기구를 타고 여행하며 새로운 친구를 사귀고 함께 성장한다.

시크릿한 책 속 비밀

『거인 부벨라와 지렁이 친구』는 3학년 2학기 국어 교과서에 실려 있지만 초등 전 학년 친구들에게 추천하는 책이다. 자신감이 없어 친구를 사귀기 어려워하는 어린이들에게 위로를 건네기 때문이다.

친구를 쉽게 사귀는 아이가 있고 먼저 다가가는 일이 익숙하지 않은 아이도 있다. 낯을 가리거나 부끄러움을 타는 아이들에게 친구를 사귀고 우정을 쌓는 일은 '도전'해야 하는 어려운 과제일 것이다.

몸집 큰 부벨라는 파리 한 마리 죽이지 못하는 여린 소녀였고 작디작은 지렁이는 당차고 당돌한 친구였다. 성격도 외모도 다른 둘이 친구가 되어 가는 과정은 '기적'이고, 친구 한 명 없던 부벨라에게 찾아온 첫 번째 우정인 지렁이는 부벨라에게 자신감과 희망을 주는 '마법'의 열쇠가 되었다. 보통의 아이들은 부벨라처럼 단짝 친구가 생기면 생기가 넘치고 친구와 함께라면 두려움이 사라지는 마법을 경험한다.

이 책이 아이의 친구 관계에 아이보다 더 두려움을 느끼는 부모님들에게도 위로가 되어 줄 것이라고 확신한다.

Ⓐ 우정은 '마법'이에요.

사람을 살리고 살게 하는 건 서로를 향한 '사랑'입니다.
아이들에게 그것은 우정이고 아이들은 우정이라는 마법으로 성장하죠.

부모와 아이의 인사이트 확장을 위한 TIP

- 부벨라는 '마법'을 부려 정원사 할아버지의 허리를 고쳐 주었어요. 여러분에게 마법이 있다면 어떤 마법을 부려 보고 싶나요?

나는 (   ) 마법이 있다.

이 마법을

- 여러분에게 특별한 날은 언제인가요? 특별한 날 소중한 친구를 멋진 장소로 초대해 보세요.

윤쌤이 나누고픈 한마디!

부모도 아이도 인생은 처음이에요. 아이를 학교에 보낸 부모는 내 아이의 학교생활이 두렵죠. 누구나 시행착오를 겪지만 내 아이는 시행착오에 상처받지 않기를 간절히 바라기도 하고요. 아이가 부모 없이 오롯이 스스로를 통제해야 하는 학교에서 친구 관계로 힘들어하는 아이를 보면 어떻게 도울 수 있을지 큰 고민에 빠지기도 해요.

아이에게 "네가 잘하면…" 혹은 "친구를 좀 사귀어 봐" 등의 말은 굳이 하지 마세요. 초등 아이들은 어른의 눈높이나 사고 체계와는 다른 마음으로 친구를 대하고, 저학년은 단짝 친구보다는 학급의 모든 아이를 '친구'라고 생각한답니다. 그런 아이에게 굳이 '단짝' 친구를 만들라고 하면 아이는 자존감이 떨어지고 혼란을 느껴요.

"진정한 친구는 '너 자신'이란다" 혹은 "다른 친구들도 너처럼 아직은 어리단다. 그래서 마음이 이리저리 흔들리기도 해. 정말 좋은 친구는 시간이 지나면 생길 거야. 부벨라처럼 말이야"라고 이야기해 보세요.

종이 봉지 공주 ★교과서 수록 도서

글, 그림 로버트 문치, 마이클 마르첸코 출판사 비룡소 연계 교과 국어 2-2

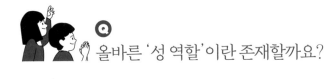

올바른 '성 역할'이란 존재할까요?

책 속으로

　아름다운 공주 엘리자베스는 안데르센 동화의 공주처럼 예쁜 옷을 입고 왕자와 결혼을 약속했다. 그러던 어느 날 불을 뿜는 용이 나타나 공주의 성을 부수고 옷을 모두 태워 버렸다. 그리고 공주의 약혼자 로널드 왕자를 잡아갔다.

　공주는 옷이 모두 불타 버려 벌거숭이가 됐지만 겨우 눈에 띈 종이 봉지 한 장을 걸쳐 입고는 당당히 왕자를 구하러 간다. 용은 이미 성 한 채를 통째로 삼켜서 배가 부르다며 공주를 문전 박대한다.

　공주는 이에 굴하지 않고 다시 문을 두드려 용에게 이 세상에서 당신이 가장 머리가 좋고 용감하냐고 묻는다. 용은 자신이 얼마나 용감한지 불을 뿜어 숲 50군데를 불태워 버린다. 공주는 용을 멋지다며 치켜세운다. 용은 공주의 칭찬에 의기양양하여 숲 100군데를 불태워 버린다. 용은 더욱 멋진 모습을 보여 주고 싶어 다시 불을 뿜어 보지만 힘이 빠져 버린 탓에 달걀 한 알 익힐 만큼의 불씨도 뿜어내지 못한다. 공주는 다시 한번 용을 칭찬하며 자극하고 용은 칭찬에 힘입어 십 초 만에 세상을 한 바퀴 돌아온다. 공주는 용을 또 자극하고 용은 세상을 한 바퀴 더 돌고 오느라 모든 힘을 써 버린다. 결국 픽 쓰러진 용을 뒤로하고 공주는 드디어 동굴에 갇힌 왕자를 구한다.

　그런데 이게 웬일인가? 왕자는 종이 봉지 옷을 입고 불에 그을린 공주에게 진짜 공주처럼 챙겨 입고 다시 오라며 삿대질을 한다. 공주는 왕자에게 '겉만 번지르르한 껍데기'라는 말을 남기며 떠나고 둘은 결국 결혼하지 않는다.

기존 공주 이야기의 프레임을 벗어나 '왕자와 공주는 행복하게 살았습니다'라는 해피 엔딩 공식을 당당히 깨 버리는 동화이다. 2학년 2학기 국어 교과서에 실린 작품으로 남성 중심의 가치관을 탈피해 '인간은 누구나 자신의 삶을 개척하는 존재'라는 당연한 사실을 전한다. 공주는 몸을 가릴 것이 종이 봉지밖에 없지만 현실에 좌절하지 않고 '누구보다 당당히' 용과 맞서며 자신을 찾아간다. 교과서에는 공주가 왕자를 구하는 내용까지 실려 있지만 원작은 자신의 외모를 타박하는 왕자에게 이별을 고하고, '공주 옷'이라는 굴레에서 벗어나 당당히 홀로서기를 선언한 공주의 해방을 보여 준다.

아직 성 정체성이 정립되지 않은 아이들에게 여성, 남성성이라는 편견보다는 '나다움'이 얼마나 중요한 가치인지를 깨닫게 하는 동화라고 할 수 있다.

Ⓐ '심리적 양성성'이 중요해요.

우리는 성 역할에 고정 관념이 있지만 요즘은 성 역할에 있어 '심리적 양성성'을 보이는 아이들도 많아요. 흔히 남성적이거나 여성적이라고 말하는 특성을 모두 소유하고 있는 아이들은 사고방식이 훨씬 더 유연하고 또래 사이에서 인기도 많답니다.

예를 들어 축구를 잘하는 남자아이가 종이접기도 잘하고 친구들과 쎄쎄쎄 같은 활동도 잘해요. 꾸미기를 좋아하고 뜨개질을 잘하는 여자아이가 피구와 달리기를 잘해요. 남성성과 여성성이라는 인습적인 기준이 아닌 자신이 좋아하고 잘하는 것을 열심히 하는 아이는 자존감도 높고 학교생활도 잘한답니다.

부모와 아이의 인사이트 확장을 위한 TIP

• 생각을 점프 업 하면 '심리적 양성성'을 기를 수 있어요.
부모 자신의 성 역할 개념을 되돌아봐야 할 시점이에요. 핑크는 여자의
색, 파랑은 남자의 색이라는 고정 관념에서 벗어나야 하죠. 아이들은 부모
를 동일시하는 경향이 있어요. 따라서 동성인 부모가 아이를 대할 때나 가
정 생활을 할 때 성의 고정 관념에서 벗어나 부부가 함께 일하고 함께 가
정을 일구는 모습을 보여 준다면 아이는 편향성을 벗어나 양성성을 가지
며 자라게 될 거예요.

- 『종이 봉지 공주』를 읽고 앞으로 일어날 일을 생각해 보면서 생각 비틀기를 해 볼까요?

  용이 왕자 대신 공주를 잡아갔다면 어떻게 되었을까요?

  _____

  _____

  공주가 겁 많고 소심한 성격이었다면 어떻게 되었을까요?

  _____

  _____

  왕자가 종이 봉지 공주를 있는 그대로 사랑했다면 어떻게 되었을까요?

  _____

  _____

  용이 의심이 많아 공주의 말을 믿지 않았다면 이야기는 어떻게 끝났을까요?

  _____

  _____

부가정보 함께 읽으면 좋은 책
앤서니 브라운의 『돼지책』

꼴찌라도 괜찮아 ★행복한아침독서 추천 도서

글, 그림 유계영, 김중석   출판사 휴이넘   연계 교과 국어 3-2

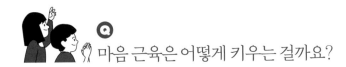 마음 근육은 어떻게 키우는 걸까요?

책 속으로

운동을 잘하지 못하는 기찬이는 친구들에게 놀림을 받곤 한다. 그런데 이게 웬일인가! 제비뽑기에서 기찬이는 난데없이 이어달리기 선수로 뽑히고 말았다. 친구들은 기찬이에게 불만을 쏟아 내고 기찬이는 운동회가 싫고 두렵다. 기찬이와 같이 이어달리기 선수가 된 이호는 자신만 믿으라며 거드름 피운다.

운동회 날! 청군의 이어달리기 주자로 나선 기찬이는 이호의 조언대로 발바닥에 힘을 주고 최선을 다해 달리지만 이미 백군과는 한 바퀴나 차이가 난다. 설상가상 자신만만하던 기찬의 다음 주자 이호는 배탈이 나서 화장실로 달려가 버린다. 그때 기찬의 귀에 기찬이를 힘차게 부르는 친구들의 응원 소리가 들린다. 어찌 된 일일까?

기찬이는 응원을 받고 최선을 다해 달린다. 친구들은 한 바퀴나 뒤처진 기찬이가 이기고 있다고 착각한 것이다. 잠시 후 백군 선수가 골인 지점으로 들어왔고 친구들은 기찬이가 한 바퀴를 더 도는 걸 보고는 실망한다. 그때였다. 멋쩍게 웃으며 화장실에 갔던 이호가 휴지를 들고 헐레벌떡 뛰어오는 걸 보고는 기찬이와 아이들은 웃음을 터트리고 함께 운동장을 달린다.

시크릿한 책 속 비밀

세상 사람을 성적, 빈부 격차, 신체 조건 등으로 줄을 세운다면 1등부터 꼴등은 필히 존재할 것이다. 어른들은 이미 '줄 세우는 문화'에 익숙하다. 그런데 요즘 교실 속 아이들은 그렇지 않다. 공부를 못하는 아이가 반장이 되기도 하고 키가 작은 아이가 체육 부장을 맡기도 한다. '줄 세우기'는 어른들이 만들어 낸 프레임이기도 하다. 과거 학교에서는 남자아이들을 생년월일 순서대로 1번, 여자아이들을 41번으로 번호를 부여하기도 했다. 또 이름의 자모음자 순서대로 남자를 1번, 여자를 41번으로 세우기도 했다.

요즘 학교는 어떨까? 남녀 구분 없이 이름 순서대로 번호를 부여한다. 물론 편리성에 따라 남녀를 나누기도 하지만 대세는 남녀를 구분하지 않는 쪽으로 기울고 있다. 예전에는 복도에 아이들을 쭉 세우고 키 순서대로 체육 줄을 만들었지만, 지금은 번호나 선착 순으로 누구나 1번이나 마지막 번이 될 수 있도록 한다. 학교에서 1등이 사회에서 1등은 아니란 걸 알지만 내 아이가 1등이 되었으면 하는 바람은 부모이기에 품어 보는 소망일 것이다. 그러나 1등을 좋아하는 부모를 보고 자란 아이가 1등이 되지 못했을 때 느낄 좌절과 상실을 생각해 보자.

세상에는 아름다운 '가치'가 많다. 기찬이를 응원하는 친구들의 함성, 그 응원으로 생긴 자신감, 패배했지만 함께 웃음꽃을 피울 수 있는 친구들의 우정. 이 책을 읽으며 아이들과 꼭 1등만이 소중한 것이 아님을 이야기해 보았으면 좋겠다.

Ⓐ '칭찬'과 '격려'가 처방전이지요.

꼴찌는 창피한 일이 아니며 우리에게는 1등을 향해 달리는 가치보다 서로 함께하는 가치가 더 중요하다는 것을 알았으면 좋겠어요. 우리 조상들은 추운 겨울에 피는 '매화꽃'을 선비의 꽃이라 좋아하고 칭송했어요. 일찍 피는 꽃만 꽃이 아니듯 추운 겨울 눈밭을 헤치고 천천히 피는 꽃도 있답니다. 여러분도 한겨울에 피어나는 '매화꽃'처럼 어려움을 이겨 내는 마음 근육이 단단한 사람이 되세요.

부모와 아이의 인사이트 확장을 위한 TIP

• 우리가 할 수 있는 생각 점프 업 활동을 소개할게요. 가정에서 보드게임을 할 때도 생각을 키울 수 있어요.

  승패를 가르지 말고 게임이 한 바퀴 돌아 끝나는 데 걸리는 시간을 재어 보세요. 그다음 게임에서는 그 전 게임보다 시간을 앞당겨 보는 거죠. 1등이 아닌 가족 단합이 얼마나 잘되는지를 함께 노력해 보는 활동을 해 보면 좋겠어요.

- 신문지를 구겨서 던져 보는 활동은 어떨까요?

　놀이 방법은 간단해요. 가족 구성원이 구긴 신문지를 차례대로 이어받아서 던지는 거예요. 예를 들어 아빠가 최대한 멀리 던지고 그 지점부터 엄마가, 엄마가 던진 그 지점에 서서 아이가 이어받아서 가족이 다 같이 얼마나 멀리 던질 수 있는지 놀이해 봐요. 이처럼 가족이 힘을 합하여 기록을 내는 '협동 활동'을 자주 해 보면 좋아요.

　등수를 매기거나 내기를 하는 것보다는 이전 기록보다 얼마나 더 멀리 도달했는지에 관심을 가져 보면 '경쟁'보다 '도전'이 얼마나 소중한 가치인지 깨달을 수 있을 거예요. 야외에서는 돌 던지기나 다리를 최대한 벌려 릴레이로 멀리 가기 활동 등을 해 봐도 좋겠죠.

달 샤베트 ★2020 아스트리드 린드그렌상 수상

지은이 백희나 출판사 책읽는곰 연계 교과 창의적체험학습, 동식물과 자연, 환경과 생활 1

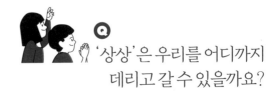

'상상'은 우리를 어디까지
데리고 갈 수 있을까요?

책 속으로

　어느 무더운 여름밤, 늑대들이 사는 아파트에는 냉장고·선풍기 등 온갖 가전제품들이 열기를 뿜으며 돌아가고 있다. 그런데 갑자기 물이 똑똑 떨어지는 소리가 나서 반장 할머니가 하늘을 올려다보니 달이 녹아내리기 시작했다. 반장 할머니는 큰 고무 대야에 녹아내리는 달 물을 받았다. 그리고 달 물을 얼음 틀에 넣어 달 샤베트를 만들었다.

　달이 녹아내리는 걸 눈치채지 못한 이웃들은 에어컨도 선풍기도 냉장고도 여전히 쌩쌩 돌려 댔다. 전기를 너무 돌린 탓에 아파트는 정전이 되고 말았다. 이웃들은 무슨 일이 일어났는지 알아보려고 삼삼오오 밖으로 나왔다. 달이 없는 밤은 어두웠지만 반장 할머니 집에서는 밝은 빛이 흘러나오고 있는 게 아닌가? 할머니 집에 모여든 사람들에게 할머니는 얼려 둔 달 샤베트를 나누어 주었다. 그날 밤 달 샤베트를 먹은 사람들은 더위도 잊은 채 달고 시원한 잠을 잘 수 있었다.

　그런데 할머니 집에 다시 누군가 찾아왔다. 달이 사라져 버려 곤란해진 누군가였다. 할머니를 찾아와 할머니를 고민에 빠지게 한 그 누군가의 정체는 무엇일까요?

시크릿한 책 속 비밀

　아이들의 상상력은 무제한이다. 아이들은 루이 암스트롱이 달 탐사를 하러 가기 전부터 달에 사는 토끼와 방아를 함께 찧는 상상을 했을 것이다.

저학년에서는 교실 속 아이들의 상상력을 자극하려고 '통합교과'라는 과목을 만들어 운영하고 있다. 『봄』, 『여름』, 『가을』, 『겨울』 계절에 맞게 구성된 통합교과는 봄에 피는 꽃과 나무부터 그 꽃과 나무로 할 수 있는 일들을 탐색한다. 스스로 하고 싶은 수업을 만들기도 하는데 운동장 한가운데서 봄나무가 되어 보기도 하고 겨울에는 입을 벌리고 하늘에서 떨어지는 눈의 맛을 보기도 한다. 학교에서는 자연물을 이용해 상상의 날개를 펼치는 활동을 많이 하고 있다.

중학년은 그림 카드를 자기 마음대로 배열해서 이야기를 만들기도 하고 이어질 이야기를 상상해서 써 보는 활동도 한다. 생각보다 아이들의 상상력은 꽤 기발하다.

그러나 요즘 아이들은 '상상'하기보다는 '정답'을 찾아내는 활동을 더 많이 하고 고학년으로 올라갈수록 정형화된 생각을 요구받는다. 교사로서 참 안타깝다. 레오나르도 다빈치가 그려 낸 '상상'의 힘으로 우리는 지구 반대편 나라를 날아서 갈 수 있는 세상에 살고 있는데 말이다.

Ⓐ

'상상'은 '새로운 세계를 여는 열쇠'이지요.

동심은 '상상'으로 이루어져 있어요. 동물과 이야기를 나누고 어떤 특수 장치 없이도 우주 공간을 비행할 수 있는 것이 아이들의 상상이지요. '상상'은 도전을 가능하게 하고 도전은 새로운 세계를 여는 열쇠가 돼요.
세상 사람들을 하나로 이어보겠다고 생각한 페이스북의 창업자 '마크저커버그', 휴대폰과 카메라와 음악플레이어를 하나로 묶는 상상으로 탄생한 아이폰, 월트 디즈니의 상상력은 세상을 변화시켰고 우리 아이들도 '상상'으로 세상을 움직이는 사람이 될 수 있어요.

부모와 아이의 인사이트 확장을 위한 TIP

• 『달 샤베트』를 읽고 색다른 시선으로 생각 비틀기를 해 보세요.
 달이 녹아내리는 여름이 아니라 달이 얼어 버린 겨울은 어떤 모습일까요?

_____

_____

_____

_____

_____

달이 얼어 버린 겨울밤 우리는 무엇을 할 수 있을까요?

_____

_____

_____

_____

_____

_____

부가정보 함께 읽으면 좋은 책
아이들의 상상을 키워 주는 백희나 작가의 시리즈
『장수탕 선녀님』『이상한 엄마』『알사탕』『이상한 손님』『구름빵』

지각대장 존 ★온책읽기 추천 도서

글, 그림 존 버닝햄 출판사 비룡소

아이에게 있는데
어른에게 없는 것은 무엇일까요?

책 속으로

> 존은 지각대장이다. 어느 날은 등굣길에 하수구에서 악어가 나와 존의 책가방을 물고 놔주지 않아 지각을 한다. 선생님은 지각한 존에게 이 동네 하수구에는 악어 따위는 살지 않는다고 말하며 반성문을 쓰게 한다. 다음 날은 사자가 바지를 물어뜯어서, 다음 날은 산더미 같은 파도가 덮쳐서 지각을 한다. 하지만 그때마다 선생님은 '존 패트릭 노먼 맥헤너시'가 말이 안 되는 소리를 한다고 생각하고 전날보다 더 많은 양의 반성문을 쓰는 벌을 내린다. 다시 한 번 거짓말을 했다가는 회초리로 때리겠다며 존을 위협하기도 한다.
>
> 그러던 어느 날 존이 교실에 들어가 보니 선생님이 고릴라에게 붙들려 천장에 매달려 있다. 선생님은 존에게 자신을 구해 달라고 애원하지만 존은 이 동네 천장에는 고릴라 같은 건 살지 않는다며 선생님을 구해 주지 않는다.

시크릿한 책 속 비밀

> '개근'의 의미가 무색해진 요즘, 지각을 쉽게 생각하는 아이들이 있다. 부모님들도 지각에 대해 예전 부모 세대와는 다른 개념을 가지고 계시는 경우를 종종 목격한다.
>
> "늦잠 잤어요."
>
> 아무렇지 않게 지각한 이유를 설명하는 아이들을 보면 '혹시 사고가 나지는 않았을까?' 걱정했던 마음이 무색해지고는 한다.
>
> "지금 출발했어요."

부모님들에게도 전화를 드려 보면 무심히 말씀하시는 경우도 많다.

학교는 무언가 '배우려고' 오는 곳이다. 그것이 꼭 공부만일까? 아이 한 명이 말도 없이 지각을 하면 교사는 수업 중에 아이의 안전을 걱정해서 부모님께 확인 연락을 취한다. 그러면 다른 아이들의 학습권이 침해된다. 지각하는 아이도 수업의 일부를 듣지 못하고 1교시를 부산스럽게 보내게 된다. 인생에서 꼭 필요한 '성실함'이라는 가치 교육을 위해서라도 '지각'은 하지 않는 것이 좋다.

A 아이에게만 있는 건 '상상력'이지요.

아이에게는 있고 어른에게는 없는 건 바로 상상력이에요. 이 책의 그림을 살펴보면 존이 학교에 가는 시간이 아침은 아닌 것 같아요. 노을 지는 풍경이 자주 눈에 띄기 때문인데요. 존을 지각하게 만드는 악어, 사자는 존에게 두려움의 대상으로 보이지도 않아요. 악어와 사자를 만나는 존의 표정에 두려움이 없거든요. 단지 귀찮은 방해꾼들일 뿐이죠.

이 이야기는 어쩌면 실제 이야기가 아니라 학교에 가기 싫은 존의 상상력이 만들어 낸 이야기, 존이 꾸는 꿈속 이야기는 아닐까요? 학교에 가기 싫은 어느 날 저녁 꾸는 존의 꿈속 이야기일지도 모르겠어요.

부모와 아이의 인사이트 확장을 위한 TIP

• **선생님은 왜 존을 믿지 못했을까요? 그 이유를 생각 점프 업 해 보세요.**

어른은 자신이 경험한 세계만을 믿어요. 선생님은 자신이 고릴라에게 잡히기 전까지는 마을에 악어나 사자 따위는 존재하지 않는다고 믿었지요. 자신이 직접 경험해 보지 못했기 때문이죠. 어른은 자신이 아는 것이 전부인양 '단정'하곤 해요. 그것이 아이에게 상처를 주기도 하지요.

존은 돌봄 받지 못하는 가정의 아이일 수도 있어요. 아침에 깨워 줄 사람이 없거나 입고 올 옷이 마르지 않았거나 학교에 오는 길이 멀 수도 있어요. 존은 선생님께 따뜻한 이해와 위로를 받고 싶었던 것은 아닐까요?

선생님 반에 아빠와 사는 친구도 전날 말려 놓은 옷이 마르지 않아 학교에 지각한 친구가 있거든요. 그래서 선생님은 존의 말을 조금은 이해할 수 있을 것 같아요. 아마 선생님 반의 친구도 세탁기 속의 악어 때문에 옷이 젖어서 학교에 지각했을지도 모르거든요.

• **선생님이 존을 이해하고 존의 말을 믿어 줬다면 어떤 일이 벌어졌을지 생각 비틀기를 통해 색다른 시선으로 사건을 바라볼까요?**

존은 지각하지 않으려고 더 빨리 일어나 등굣길에 나섰거나 어떤 방해꾼도 만나지 않고 제시간에 학교에 왔을 거예요. 공감과 위로, 이해가 아이를 성장시키는 원동력이에요.

선생님 반에 옷이 마르지 않아 학교에 지각한 친구에게 선생님은 어제 입었던 옷을 꺼내 입고 오거나 잠옷에 외투를 걸치고 와도 아이들은 아무도 눈치 채지 못할 거라고 이야기해 주었어요. 아니면 드라이기를 꺼내서 젖은 옷을 말려 입고 와도 좋을 거라고 이야기해 주었지요. 그랬더니 정말 선생님 반 친구는 1시간만 지각하고 학교에 무사히 도착했어요. 처음에는 입을 옷이 없어서 학교에 오지 못할 것 같다고 했던 친구였는데 말이죠.

- 우리 선생님은 무섭고 나는 오늘 지각했어요. 지각 대장 존처럼 선생님께 말씀드릴 기발한 지각 사유를 떠올려 보세요.

나: 나는 (

) 때문에 지각했어요.

선생님: 그것이 너에게 어떻게 했니?

- "나는 내년에 이런 선생님을 만나고 싶어요." 내가 원하는 선생님의 모습을 그리고 특징을 써 보세요.

선생님의 모습	성별:
	성격:
	내게 어떤 말을 해 주시면 좋을까요?

부가정보 함께 읽으면 좋은 책

존 버닝햄의 『내 친구 커트니』 『네가 만약』 『에드와르도』

이게 정말 나일까 ★일본 MOE 그림책 대상 1위

글, 그림 요시타케 신스케   출판사 주니어 김영사   연계 교과 통합교과 1, 2

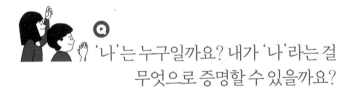

'나'는 누구일까요? 내가 '나'라는 걸
무엇으로 증명할 수 있을까요?

책 속으로

숙제, 심부름, 청소! 정말 하기 싫은 것들에 지친 나에게 좋은 생각이 떠올랐
다. 바로 '가짜 나'를 만들어 귀찮은 일을 시키려는 계획이다. 용돈을 털어 '도
우미 로봇' 한 대를 샀다. 로봇에게 진짜 나처럼 행동하는 방법을 알려 주었다.
열심히 설명했지만 로봇은 더 자세히 '나'에 대해 설명해 달라고 했다. '나'만
의 독특한 무언가를 알아야 '진짜 나'로 연기할 수 있다고 말이다.

'나?'는 나에 대해 생각하게 되었다. 내가 좋아하는 것, 취미나 특기, 내 역
할, 내 성격 등 나를 설명할 수 있는 모든 것을 로봇에게 알려 주었다. '나'에
대해 생각할수록 내가 생각하는 '나'와 다른 사람이 생각하는 '나'는 다를 수
도 있다는 사실을 깨닫게 되었다.

시크릿한 책 속 비밀

새 학기 첫날! 아이들은 보통 '자기소개'라는 미션을 받는다. 자리에서 일어
나 말로 하는 '자기소개'도 있지만 종이 위에 자신의 특징을 간단하게 써야 하
는 경우도 있다. 그리고 그 '자기소개서'는 한 달 동안 교실 게시판에 붙어서
친구들이 나를 이해하는 데 도움을 주는 역할을 하기도 한다.

그럼 우리 아이들은 '나'를 어떻게 소개해야 할까? 일반적으로 이름, 키, 사
는 곳, 좋아하는 것을 말한다. 나이는 모두 같으니 패스하고 사는 곳도 학구 내
에 비슷한 동네에 사니 염두에 둘 필요가 없다. 친구들이 가장 궁금해하는 부
분은 바로 '내가 좋아하는 것', '내가 가진 독특한 특징'이다. 나의 가족은 몇

명이고, 나는 어떤 음식이나 스포츠를 좋아하는지, 나는 무얼 잘하는지, 나의 장래 희망은 무엇인지가 나를 소개하는 가장 중요한 키워드가 될 것이다. 내가 나를 잘 알면 자기소개는 풍성해진다. 인상적인 자기소개는 내 아이를 인기 스타로 만들어 주기도 한다. 나를 제대로 알고 싶고 소개하고 싶은 친구들에게 이 책을 추천한다.

또 다른 사람이 가진 것들과 나를 비교하며 가지지 못한 것에 좌절하기도 하는 친구들이 이 책을 읽어 봤으면 한다. 나와 비교할 수 있는 사람은 세상 어디에도 없으며 '나는 나로서 온전하다'는 사실을 깨달았으면 좋겠다.

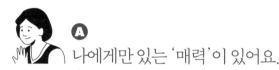

Ⓐ 나에게만 있는 '매력'이 있어요.

주인공 '지후'는 자꾸 '나'에 대해 알려 달라는 로봇에게 '나는 그냥 나'인데 어떻게 나를 설명해야 하는지 혼란에 빠져요. 나는 누구일까요? 이름, 나이, 키, 몸무게, 가족 관계 등 눈에 보이는 것만 소개할 수 있을까요? 좋아하는 것과 싫어하는 것, 잘하는 것과 못하는 것, 내가 어디에 속해 있느냐에 따라서 내 역할이나 태도가 달라지는 것도 말할 수 있지요. 나에 대해 이 모든 걸 말한다면 '내가 누구인지' 증명할 수 있을 거예요. 그것만 말하면 나에 대해 다 말한 걸까요? 눈에 보이는 것을 다 말해 주면 그게 나의 모든 것일까요?

부모와 아이의 인사이트 확장을 위한 TIP

인사이트 팁: 윤쌤이 나누고픈 한마디!

나를 대신해 귀찮고 힘든 일을 해 주는 '가짜 나'가 모든 곳에서 나를 대신하고 있다면 생각만 해도 좋을까요? 두려울까요? 부모님이 가짜 나를 진짜 나로 착각해서 나보다 가짜 나에게 잘해 주신다면…. 여행도 가짜 나와 가고 선물도 가짜 나에게 사 주신다면 내 마음은 어떨까요? 좋아하는 일도 싫어하는 일도 재미있는 일도 힘든 일도 모두 다 나의 일부분이지요.

여러분! 온 세상은 내가 있어서 존재하는 것이고 그 누구도 나를 대신할 수 없어요. 내가 없으면 이 세상도 없답니다. 선생님은 여러분이 스스로를 온전히 이해하고 스스로가 가진 매력을 사랑하는 아이로 자라길 간절히 희망합니다.

• 나를 소개해 보세요. '나'는 어떤 사람인가요?

거울을 보고 나의 얼굴을 그대로 그려 보세요. 나는 무엇을 좋아하고 무엇을 싫어하는지, 무엇을 무서워하는지 등 특징도 써 보세요.

나의 모습

이름: _____

성별: _____

나이: _____

나의 특징:

① _____

② _____

③ _____

④ _____

⑤ _____

나는 나의 주인 ★국립어린이청소년도서관 사서 추천 도서

글, 그림 채인선, 안은진   출판사 토토북   연계 교과 통합교과 2

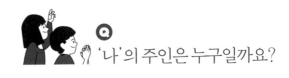

'나'의 주인은 누구일까요?

책 속으로

> 나는 평범한 여자아이다. 나는 내가 누구인지 잘 알고 내가 어떻게 생겼는지도 잘 알고 있다. 나는 나의 주인이기 때문이다. 무릎에 상처가 나면 약을 바르고 손톱도 잘 깎아 준다. 나는 나의 주인이니 내 몸도 소중히 돌본다. 친구들이 위험한 언덕길을 뛰어도 나는 내리막길에서는 뛰지 않는다. 나는 내 몸을 지켜야 하기 때문이다. 나는 다리가 아프면 쉬어 가고 하품이 나오면 잠을 잔다. 나는 내 몸이 하는 말을 잘 알아듣는다.
>
> 나는 내 마음과 꼭 붙어 있어서 참으라거나 참 잘했다는 말도 잘한다. 그런데 내 마음은 변덕쟁이여서 화도 나고 슬프기도 하고 기분이 좋아지기도 한다. 나는 어떤 상황에서도 내 생각을 말하고 당당하게 행동한다.

시크릿한 책 속 비밀

> 자존감은 스스로를 가치 있게 여기는 마음에서 나온다. 아이들을 가르치다 보면 충분히 멋진 아이인데 자신감이 없는 아이도 있고, 뭐든 잘 실패해도 '헤헤' 웃으며 도전하는 회복탄력성이 높은 아이도 있다.
>
> 우리는 아이를 키울 때 무엇에 '가치'를 두고 키워야 할까?
>
> 부모는 아이가 오롯이 세상과 홀로 맞서야 할 때 실패에 무너지지 않고 단단하게 자신을 믿고 사랑하는 마음을 길러 주어야 한다. 수학이나 영어 문제 하나 못 맞혔다고 긴 인생에서 실패하지는 않는다. 아이들에게 '나'의 주인은 '나'라는 자아 존중감을 심어 주어야 한다. 그래야 아이가 세상을 마주하는 힘을 얻을 수 있다. 부모는 아이가 스스로를 객관적으로 살필 수 있는 방법을 알

려 주고 시간을 주어야 한다. 남이 하라는 대로 끌려다니다 보면 아이는 자신이 무엇을 잘하고 무엇을 못하는지 자신의 몸이 자신에게 어떤 신호를 보내는지 알아차릴 수가 없기 때문이다.

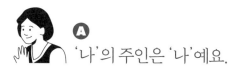

'나'의 주인은 '나'예요.

가족이나 타인에게 사랑을 받고 싶어 하는 아이들은 끊임없이 사랑스럽지 않은 행동을 하며 사랑을 갈구하기도 해요.

부모는 끊임없이 사랑을 확인하는 아이들에게 지치고, 친구는 자신감 없는 아이에게 매력을 느끼지 못할 수도 있어요. 자신을 사랑하고 자기 일은 스스로 하며 실패에 좌절하지 않는 아이는 보석처럼 빛이 나요.

자신의 물건에 과도하게 애착을 느끼는 아이들에게 '나'의 주인은 '나'라는 것을 끊임없이 이야기해 주세요. 주인이 보살펴 주지 않으면 '나'는 슬퍼지고 주인이 보살피지 않는 '나'는 그 누구도 살펴 주지 않는다는 사실을 알려 주세요. 자신의 물건을 소중히 다루듯이 자기 자신을 소중히 여기고 아껴 줘야 한다는 것도요. 자신을 가장 사랑하는 사람은 바로 자신이어야 합니다. 타인의 판단에 상처받고 좌절하지 마세요. 스스로를 사랑하고 당당하면 타인의 시선은 중요하지 않아요. 내가 만족하면 그것으로 족합니다. 그게 내 만족이고 그게 뿌듯함이고 성취감이고 행복함입니다.

부모와 아이의 인사이트 확장을 위한 TIP

• 어떻게 해야 우리 아이가 '나'의 주인으로 살아갈 수 있을까요? 평소 말
  습관을 돌아보면서 생각을 점프 업 해 보세요.

나는 어떻게 말하는 부모일까요? 아이가 자연스러운 욕망을 표현했을 때 질책하고 부모의 잣대로 판단하며 이야기하지는 않았나요?

아이들에게는 애착 인형, 애착 베개 등 아끼는 물건에 대한 주인으로서의 애착이 있어요. 그런데 생각보다 자신에게 애착을 갖지 않는 아이들도 많아요. 남들과 비교해서 초라한 성적, 외모, 신체 능력 같은 걸로 끊임없이 자기 자신을 낮잡아 보기도 하죠.

졸리면 하품을 하고 배가 고프면 밥을 먹고 상처가 나면 치료를 하고 헝클어진 머리는 단정하게 빗어야 해요. 너무나 자연스럽게 내가 나의 주인이라서 할 수 있는 행동이죠.

아이의 주인은 부모가 아니에요. 부모가 먼저 아이를 존중하고 아이가 스스로를 존중할 수 있도록 '나 메시지' 화법으로 이야기해 봐요.

- 아이를 존중하며 말하는 대화법, I Message와 You Message

I message 대화의 초점을 '나'의 마음이나 생각에 맞추고 상대방의 말이나 행위를 비난하지 않으면서 자신의 솔직한 생각과 감정 상태를 전달하는 대화법이다.

You message '너'를 주어로 하여 상대방의 행동이나 생각을 평가하고 비판하는 대화 방식이다.

I Message (나 메시지)

> 엄마가 맛있는 저녁을 차려 놨는데
> 빨리 와서 먹으렴.
> 너와 함께 먹으면 정말 맛있을 것 같아.

> 열심히 공부했는데 성적이 떨어져서
> 속상하지? 엄마는 그래도
> 열심히 공부해 준 네가 자랑스럽단다.

You Message (너 메시지)

> 너는 꼭 엄마가 밥 차리면
> 딴짓 하더라.
> 그럴 거면 먹지 마.

> 내가 그럴 줄 알았어.
> 그렇게 게임만 하는데
> 성적이 잘 나올 리가 있니?

• 다른 시선으로 생각을 비틀어 나를 사랑하는 대화법을 실천해 보세요.

> 내 아이가 친구에게 자신의 의견을 분명하게 말하는 '행감바' 대화법을 소개합니다.
>
> 『지니샘의 행복교실 만들기』 정유진, 에듀니티
>
> **행** 행동: 친구가 한 행동에 대해
> **감** 감정: 내 감정에 대해
> **바** 바람: 내가 바라는 것에 대해

어떻게 써야 할지 어렵다면 예시 문장을 참고해 보세요.
"친구들이 나만 빼고 아이스크림을 먹었다. 나는 서운하다."

행 감 바 대화법:

애들아! 너희들이 나만 빼고 아이스크림을 먹어서
(행동)

나는 서운했어.
(감정)

다음에는 나에게도 "같이 먹지 않을래"라고 말해 주면 좋겠어.
(바람)

할머니의 여름휴가 ★yes24 올해의 책

글, 그림 안녕달 출판사 창비 연계 교과 통합교과 여름 1, 2

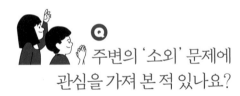

주변의 '소외' 문제에
관심을 가져 본 적 있나요?

책 속으로

어느 여름날 휑한 방에 앉아 홀로 식사를 하시는 할머니게 손자가 찾아온다. 고장 난 선풍기와 가족사진, 1인용 소파와 작은 상 하나로 채워진 방. 그 안에 소박하게 자리한 '외로움'이 익숙한 할머니에게 손자는 바닷소리가 들리는 소라를 선물하고는 떠난다.

할머니는 강아지 메리와 소라 속으로 들어가 뜻밖의 여름휴가를 즐기게 된다. 갈매기와 수박을 나눠 먹고 모래 위 바다표범과 뒹굴며 햇볕에 살을 태운다. 그렇게 할머니는 신나고 즐거운 휴가를 보낸다. 바닷가의 신비한 기념품 가게에서는 바다 냄새 방향제, 바다 여행 소라, 바닷바람 스위치를 팔고 문어의 기타 반주에 맞춰 물고기들은 노래를 부른다. 도심 아파트 공간 속에서 고요히 머물던 할머니는 핑크 수영복을 차려입고 꿈결처럼 보드랍고 바닷바람처럼 시원한 뜻밖의 여름휴가를 소녀처럼 즐기며 행복해한다.

할머니는 여름휴가를 다녀와서 기념품 가게에서 가지고 온 바닷바람 스위치를 고장 난 선풍기에 끼운다. 고장 났던 선풍기는 다시 시원한 바람을 일으키며 움직인다.

시크릿한 책 속 비밀

아이들이 게임을 하는 모습을 지켜보면 '이래서 언제 본 게임을 시작할까?' 싶게 사전 모의 기간이 길기도 길다. 팀을 나누는 것부터 규칙을 정하는 모습을 보면 요즘 아이들이 얼마나 자기주장이 강한지 한 치의 양보가 없다.

그러나 눈에 띄는 한 가지는 예전과 변함없이 누가 가르쳐 주지 않아도 '깍두기 문화'를 지키고 있는 모습이다. 팀을 나눌 때 인원수가 딱 떨어지지 않으면 "너 빠져!" 하며 한 사람을 내치지 않고 "너는 깍두기 해!" 하며 사람을 포용하는 배려가 그것이다. 이 깍두기 문화는 누구도 소외시키지 않겠다는 인류애적 마음을 담고 있다. 아이들은 누군가 '소외된다'는 건 그 대상이 언젠가는 내가 될 수도 있다는 진리를 은연 중에도 잘 알고 있다.

신문에서 가끔 노인들의 고독사를 볼 때 마음이 무너진다. 우리는 모두 언젠가 노인이 될 것이고 그 고독사의 주인공이 내가 될 수 있는 날이 올지도 모른다. 모두가 '소외'받지 않도록 '깍두기'를 챙겼던 그 마음 속 유년 시절처럼 주변의 어르신을 챙겨 보면 어떨까? 올 여름, 주변의 소외에 관심을 기울여 보자!

Ⓐ 외면하지 말고 손을 내밀어 보세요.

요즘 아이들은 '소외 문제'에 제법 관심이 많아요. 왜냐하면 아이들은 '왕따' 문제에 관심이 많거든요. 친구들이 자신의 의견에 귀 기울여 주지 않으면 자신은 '소외받는다'고 생각하기 때문이죠.

그렇다면 소외받는 대상을 위해 적극적으로 도움을 준 적은 있나요? 살기 바빠서 혹은 나도 똑같이 소외의 대상이 될까 봐 애써 외면하지는 않았나요? 스스로 조금 비겁하다고 생각했다면 오늘은 주변의 '소외 문제'에 관심을 가져 보면 좋겠어요.

부모와 아이의 인사이트 확장을 위한 TIP

- 아이들이 자신 말고 '소외'받는 다른 사람에게 관심을 가져 본 적이 있을 까요? 예를 들면 장애를 가진 분들이나 여름을 홀로 보내야 하는 할아버지, 할머님들 말이죠.
  종일 말동무 없이 텔레비전과 친구하는 할머니, 할아버지는 여름에 무얼 하며 지내실지 오늘은 전화 통화를 한번 해 보면 좋을 것 같아요. 할머니의 여름휴가에 나오는 주인공 할머니처럼 어쩌면 우리 할머니, 할아버지도 멋진 여름휴가를 꿈꾸고 계실지도 모르잖아요.
  다리가 불편하신 분은 바다에 가고 싶어도 불편한 통행로나 교통 장벽에 부딪혀 멀리 갈 수 없으실 거예요. 오늘은 아이와 어떻게 이 문제를 해결하면 좋을지 이야기 나눠 보면 어떨까요?

- 할아버지, 할머니를 위한 신나는 여행을 계획해 보아요.

  날짜: 장소:

  관광지 — 1일 차:

  관광지 — 2일 차:

  관광지 — 3일 차:

  드실 음식:

  필요한 준비물:

  왜 이 장소를 선택했나요? (   )
  왜 이런 음식을 대접하고 싶나요? (   )

- 우리도 이 소라 속으로 들어가 봐요. 소라 속 세상에는 어떤 풍경이 있을까요? 소라 속 세상을 그려 보아요.

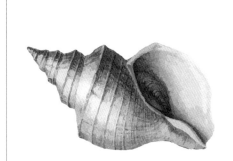

소라 속으로 들어가 봐요. 고고~

소라 속 세상은 어떤 모습인가요?

장수탕 선녀님 ★국립어린이청소년도서관 사서 추천 도서

지은이 백희나   출판사 책읽는곰   연계 교과 통합교과, 창의적체험학습 1, 2

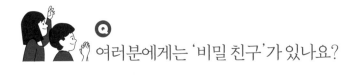

여러분에게는 '비밀 친구'가 있나요?

책 속으로

　새벽녘 덕지는 엄마와 목욕탕을 간다. 큰길에 새로 생긴 불가마나 게임방과 얼음방을 갖춘 스파랜드가 아닌, 아주아주 오래된 '장수탕'에 가는 덕지는 영 못마땅한 표정이다. 낡아 빠진 사물함과 형형색색의 목욕 바구니, 고물 텔레비전, 음료수가 가득한 냉장고가 들어찬 시시한 장수탕이지만 덕지가 좋아하는 것이 있다. 덕지가 울지 않고 때를 밀면 엄마가 사 주시는 시원한 요구르트, 또 하나는 냉탕에서 하는 물놀이다.

　어느 날 감기에 걸린다는 엄마의 잔소리를 뒤로 하고 냉탕에서 신나게 물장구를 치다 문득 뒤를 돌아보니 이상한 할머니가 덕지를 물끄러미 바라보고 있다. 정말 이상한 할머니. 토끼 귀에 화장을 곱게 하고 주렁주렁 보석 귀걸이를 달고 있다. 할머니는 자기가 날개옷을 잃어버린 선녀님이라고 한다. 정말 이상한 할머니지만 바가지를 튜브 삼아 물 위를 떠다니는 몸짓이나 자상한 손길에 덕지는 할머니가 점점 좋아진다. 덕지는 할머니를 위해서라면 세상에서 제일 좋아하는 요구르트도 양보할 수 있다. 뜨거운 탕에서 몸을 불리고 울지 않고 때를 밀었다. 하나밖에 없는 요구르트도 할머니께 드리고 할머니와 다음에 만나자고 약속하고는 집으로 왔다.

　오후가 되자 덕지는 콧물이 나고 머리가 지끈거린다. 열이 펄펄 끓는 덕지 앞에 선녀 할머니가 나타나 불덩이 같은 이마에 차가운 손을 살며시 갖다 댄다. 이상하게도 다음날 덕지는 거짓말처럼 싸악 나았다.

시크릿한 책 속 비밀

아이들은 가끔 자신에게 가장 소중한 것을 담임 교사인 내게 내어 주곤 한다. 종이로 접은 펭귄이나 젤리 같은 것 말이다. 사실 내겐 그다지 필요하지 않지만 늘 제일 귀한 것을 선물받은 사람처럼 감동한다. 그것은 아이가 나에게 주는 '사랑'이라는 걸 알기 때문이다. 아이들은 '사랑'이라는 느낌을 어떻게 말로 설명해야 할지는 모르지만 가장 소중한 걸 나눔으로써 표현한다. 부모의 어깨를 주무르거나 볼에 뽀뽀하는 일, 용돈을 모아 작은 생일 선물을 전하는 일, 어버이 날 두서없는 내용이지만 낳아 주셔서 감사하다고 편지를 쓰는 일. 모두가 '사랑'을 전하는 그들의 '진심'이다. 어른에겐 보잘 것 없지만 아이에겐 전부인 것도 있다. 덕지의 요구르트처럼 말이다. 아이를 사랑한다면 부모도 아이의 '소중한 것'에 관심을 기울이고 그것의 의미에 감동해 보자. 장수탕 선녀님은 아이가 사랑으로 만들어 낸 환상의 인물일 수도 있고, 어쩌면 정말 덕지를 보살펴 주러 오신 할머니일 수도 있다. 아픈 덕지를 보살펴 주신 '사랑', 덕지가 소중히 여기는 요구르트를 나눈 '사랑', 이 두 사랑의 콜라보로 덕지의 아픔이 금방 나은 걸지도 모르겠다.

Ⓐ '비밀 친구'를 인정해 주세요.

아이들에게 비밀 친구란 어항 속의 물고기, 새장의 새, 인형 뽑기 기계에서 뽑은 뽀로로 인형이나 빨간 공룡 인형일 수도 있어요. 내 마음을 솔직히 이야기할 수 있고 나를 무조건적으로 사랑해 주는 친구이기에 내 모든 것을 보여 줄 수 있어요. 어른들은 아이가 인형과 이야기를 하거나 사물이나 무생물과 이야기를 한다고 걱정하겠지만 아이의 사고와 어른의 사고는 다르다는 걸 알아 주었으면 좋겠어요.

인사이트 팁: 윤쌤이 나누고픈 한마디!

피아제(J. Piaget)는 인지 발달이 미숙한 아동이 자기중심적인 혼잣말을 하는 것은 문제 될 일이 없다고 했어요. 피아제의 이론에 따르면 6세 이전의 아이가 혼자 중얼거리며 말하는 행동은 지극히 정상적인 것이죠. 아이들은 혼자 역할 놀이도 하고 로봇 하나로도 많은 이야기를 만들어 내요. 이런 내적 언어는 아이가 성장하면서 사회화된 언어로 발전해요.

피아제와는 조금 다르게 심리학자 레프 비고츠키(Lev Semenovich Vygotsky)는 혼잣말을 매우 중요한 신호로 생각한답니다. 언어 습득은 사회적인 동기로 이루어져 유아는 다른 사람들로부터 사회, 심리적 지원을 받아서 의사소통 능력이 증가된다고 해요. 아이의 혼잣말이 사회적 언어로 내면화되는 과정에서 자기 행동을 통제하기도 하죠. 비고츠키는 아이들이 더 어려운 과제를 수행할수록 혼잣말이 많아진다고도 했답니다.

아이의 혼잣말에 귀 기울여 보세요. 인지 발달의 정도를 확인할 수 있고 스스로를 어떻게 통제하고 조절하는지도 알 수 있답니다.

부모와 아이의 인사이트 확장을 위한 TIP

• 아이와 어떤 '추억'을 만들고 있나요? 부모님과 추억을 만들며 아이의 생각은 점프 업 될 거예요.
  부모님들은 주말 아침이면 엄마 손을 잡고 목욕탕을 가 본 경험이 있을 거예요. 얼굴이 토마토가 되도록 때를 불리고 따가운 때수건에 몸을 맡기다가 살갗이 따가워 피할라치면 등짝을 한 대씩 맞아 가면서 때를 밀어 본 추억 말이지요. 목욕이 끝나면 엄마는 바나나 우유를 사 주시기도 했어요. 어느 날은 목욕탕에서 동네 아주머니들과 시원한 냉면을 사 먹기도 했고 뜨끈한 순댓국을 사 먹기도 했지요.

일주일에 한 번! 목욕탕 가는 날을 지금 아이들이 워터파크 가는 걸 기다리는 일처럼 기대되는 이벤트였을 거예요. 때를 밀어 주는 엄마의 사랑과 엄마 손을 잡고 목욕탕을 가는 길에 만나는 계절의 아름다움도 느꼈을 거예요. 목욕탕에 대한 유년의 기억은 목욕탕에 가는 길과 목욕하는 일과 목욕탕에서 먹은 음식과 만났던 사람들, 목욕하고 나왔을 때의 상쾌한 기분까지 모든 것이 추억이지요. 우리는 우리의 아이에게 이런 소박하고 찐한 '추억'을 선물해 줘 본 적이 있을까요?

워터파크에서 돈까스를 사 먹고 파도풀을 타고 집에 돌아오는 길에 꽉 막힌 도로를 이동하면서 까무룩 잠이 든 아이를 안아 방에 눕혀 놓았어요. 아이에게 오늘은 어떤 추억이 쌓였을까요? 아이는 오늘 엄마의 냄새, 목욕탕의 후끈한 열기 속에 먹는 바나나 우유의 달콤함이 주는 행복감, 동네 아주머니들이 보여 주는 정을 느껴 보지는 못했을 거예요. 이번 주말에는 아이를 데리고 동네 목욕탕에서 내 유년 시절의 '추억' 여행을 아이와 함께 해 보면 어떨까요?

- '비밀 친구'에게만 하고 싶은 특별한 나의 이야기를 비밀 쪽지로 써 보는 거예요. 누가 볼까 걱정이 된다면 암호로 써 보면 어떨까요? 예를 들어서 'ㅅㄹㅎ(사랑해)', 'ㄱㅁㅇㅇㅇ(고민이 있어)' 이렇게요.

나의 비밀 친구 (   )에게

너의 비밀 친구 (   )가

7년 동안의 잠 ★한국출판문화산업 진흥원 이달의 책

글, 그림 박완서, 김세현   출판사 어린이작가정신   연계 교과 국어 활동 2

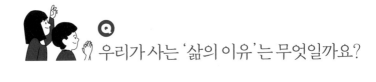

우리가 사는 '삶의 이유'는 무엇일까요?

책 속으로

개미 마을에는 흉년이 계속되었다. 대대로 수많은 개미의 피땀 어린 수고로 가꾸어 온 마을의 곳간은 텅텅 비고 일개미들은 먹이를 찾아 멀고 험한 곳을 헤매었지만 매번 빈손으로 돌아오기 일쑤였다. 이대로 가다가는 이 마을의 개미들은 좀 더 기름진 땅을 찾아 마을을 옮겨야 할 처지에 놓이게 될 것이다.

그런데 이게 웬일인가. 어린 일개미가 무엇과도 비길 수 없을 만큼 큰 먹잇감을 찾아냈다. 온종일 굶주린 개미들은 반짝거리고 두꺼운 갑옷을 입고 있는 싱싱한 먹잇감으로 돌진했다. 흥분한 개미들 사이에서 지혜로운 늙은 개미가 물러가라고 외쳤다. 그리고는 먹이 둘레를 한 바퀴 돌았다. 젊은 개미들은 매미가 아닐 거라고 떠들어 댔다. 매미는 팔자 좋게 나무 그늘에서 노래나 불러야 하는데 날개도 없이 땅속에 있었기 때문이다. 그러나 그것은 매미가 틀림없었다. 한여름의 노래를 위해서 7년을 어둠과 외로움 속에서 기다리는… 늙은 개미는 젊은 개미들에게 생각할 시간을 주기로 했다.

매미의 노래가 하찮다고 생각했던 개미들이 그 노래의 아름다움을 생각하게 되었다. 여름날 노래가 주었던 기쁨, 여름의 산과 들이 햇빛에 빛나는 찬란한 순간을 느낄 수 있도록 매미의 노래가 주었던 여유가 떠올랐다.

매미는 땅 위로 올라가야 한다. 그래야 7년 동안의 잠에서 깨어나 다시 그 찬란한 노래를 부를 수 있다. 하지만 천장은 콘크리트로 막혀 있다. 마을에 흉년이 드는 것도 이 때문이다. 개미들은 매미를 부드러운 천장이 있는 곳으로 옮기기 시작했다. 별로 힘을 들이지 않았는데 어느새 매미가 움직인다. 매미는 이제 혼자 힘으로 나무로 기어오르더니 빛나는 날개를 펴고 공중으로 날아올랐다. 먹이를 놓친 개미들은 기쁨에 차서 매미를 축복해 주었다.

시크릿한 책 속 비밀

> 우리 반 말썽꾸러기 녀석이 학급 임원으로 당선되었다. 그 녀석은 "이제 장난 안 칠 거야. 날 좀 믿어 줘"라며 아이들에게 진심으로 구애했다. 그동안 놀림받았던 개똥이도 구박받았던 소똥이도 모두 말썽꾸러기를 지지해 줬다. 아이들의 순수함이 빛나는 순간이었다. 친구가 '변화'할 것이라는 믿음이 말썽꾸러기 녀석을 학급 임원으로 만들어 주었고 학급 임원이 된 녀석은 정말 임원 역할을 성실히 해나가기 시작했다.
>
> 아이들은 꼬질꼬질 때 묻은 손으로 젤리 하나를 반으로 쪼개 친구와 나누어 먹는다. 그것이 그들의 우정이다. 이렇듯 눈앞에 보이는 이익보다 서로의 성장을 응원하고 믿음을 보여 주는 일, 어른들이 아이에게 배워야 할 자세가 아닐까.

Ⓐ 삶의 이유는 '존재' 자체예요.

한여름 시끄럽게 울어대는 매미 소리가 거슬린 적 있나요? 자신의 존재를 가열차게 드러내는 그들은 목이 터져라 자신의 존재감을 뽐냅니다. 내일은 없이 오늘만 사는 것처럼 말이에요. 어둡고 축축하고 깜깜한 땅속에서 몸을 웅크리고 7년을 참으며 갈고 닦은 노래 실력을 한 계절에 모두 쏟아 내려면 얼마나 열심히 또 치열해야 할까요? 그들의 삶의 이유는 한여름의 존재감이에요. 매미라는 존재 자체가 여름이고 매미는 여름의 전령사지요.

그렇다면 우리 삶의 이유는 무엇일까요? 매미의 삶에 빗대어 보면 '존재' 자체이고, 개미의 삶에 빗대어 보면 '함께하는 것' 아닐까요?

부모와 아이의 인사이트 확장을 위한 TIP

• 아이들과 '귀한 삶'에 대해 이야기를 나누며 생각을 점프 업 해 보세요.

> '네가 헛되이 보낸 오늘은 어제 죽은 이가 그토록 바라던 내일이다.'

이 문장을 아이들과 함께 이야기 나누어 보면 좋겠어요. 요즘 아이들은 자신에게 주어진 아름다운 삶에 대해 '감사'할 줄 모르는 경우가 많아요. 모든 것을 당연하게 받아들이기도 하지요. 부모의 희생, 친구의 우정, 안락한 주변 환경. 모두 누군가의 희생이지만 그 희생은 언제나 당연하다고 생각해요.

우리에게 주어진 안락하고 편안한 삶 뒤에는 누군가의 묵묵한 희생이 있고, 귀한 '삶'을 건강하게 살 수 있는 것이 얼마나 행복한 일인지 한번쯤은 자신의 존재감을 치열하게 알리는 매미의 삶에 빗대어 이야기 나눠 보는 시간을 가져 보세요. 세상에 당연한 건 없어요.

여름에 매미가 우는 당연한 자연의 섭리도 배고픔에 허덕여도 매미를 잡아먹지 않고 나무 위로 보내 준 개미들의 우정이 있어서 가능했고, 7년간 견뎌 낸 매미의 인내심이 있어서 가능했던 것이죠.

• 내가 '개미'였으면 나는 어떻게 했을까요? 지문을 읽고 자신의 생각과 맞는 네모 박스에 체크해 보세요.

매미의 노력도 중요하지만 이러다가는 마을도 떠나야 하고 굶어 죽을지도 모르니 매미를 먹어 버릴까요?

| ○ | × |

매미는 7년이나 여름날의 노래를 위해 움츠리며 견디는 노력을 했으니 살려 줄까요?

| ○ | × |

"왜 그렇게 생각했나요?"

_____

_____

_____

_____

_____

42가지 마음의 색깔 ★교과서 수록 도서

지은이 크리스티나 누네스 페레이라, 라파엘 R. 발카르셀 공저   출판사 레드스톤   연계 교과 국어 2

여러분의 마음은 '어떤 색'인가요?

책 속으로

엄마 양이 포근한 털실로 뜨개질을 하고 아가 양은 그 곁에서 새근새근 잠이 들었다. '포근함'에서 시작한 마음의 색깔은 사랑, 미움, 화, 짜증, 긴장, 안심, 차분함, 행복, 기쁨, 슬픔, 측은함, 후회, 뉘우침, 부끄러움, 불안, 소심함, 당황, 두려움, 놀람, 역겨움, 반감, 너그러움, 몰이해, 외로움, 고독, 그리움, 우울함, 따분함, 희망, 열정, 신남, 포기, 실망, 좌절, 감탄, 샘, 바람, 만족, 자랑, 즐거움, 감사로 이어진다. 책의 목차는 마치 마음의 지도와 같다. '포근함'의 느낌을 설명하고 포근함은 떨고 있는 작은 토끼나 울먹이는 친구를 보면 안아 주고 싶어 하는 너의 마음속에 있다고 말한다. 그리고 포근함이 '사랑'을 불러일으킨다고 이야기해 준다.

그럼 사랑은 뭘까? '사랑'은 환한 웃음을 안겨 주기도 폭포 같은 눈물을 흘리게도 하는 가장 강한 감정이다. 사랑을 하면 우리는 용감해지고 때로는 약해진다. 사랑의 정반대는 미움이다. 미움은 화로, 화는 짜증으로, 짜증은 긴장으로 이어진다. 이 책은 꼬리에 꼬리를 무는 감정 여행을 따뜻한 그림과 언어로 표현하고 있다.

시크릿한 책 속 비밀

"너는 왜 화가 났니?"

가정에서 형제가 매일 전쟁을 치루듯이 교실 속 20여 명의 아이들도 정말 많이 투닥거린다. 매번 이르고 싸우고 그 싸움을 중재하는 일 또한 교사의 중요한 업무 중 하나이다. 이런 싸움의 중재꾼 노릇을 하려고 할 때 아이들은 자신의 감정을 대체로 잘 표현하지 못한다.

"그냥… 쟤가… 짜증나게 했어요."

우물쭈물하거나 모든 '화'를 '짜증'이라는 감정으로 뭉뚱그려 표현하기도 한다. 그러다 가해자와 피해자가 뒤바뀌기도 하고 싸운 이유보다는 무례한 감정 표현으로 2차 싸움이 벌어지기도 한다. 기쁠 때도 마찬가지다. 내가 왜 기쁜지 감정을 표현할 적당한 단어를 찾지 못한다. 향긋한 꽃향기를 싣고 온 봄바람 때문에 풍선처럼 한껏 부푼 마음에 엄마가 사 주신 솜사탕의 달콤함까지 더해져 즐겁고 따뜻한 느낌. 추운 겨울 얼어붙은 손에 입김을 호호 불어 주는 주름진 할머니의 포개진 손에서 느껴지는 포근함. 그런 깊은 만족감 같은 것을 모두 '기쁨'이라는 감정에 포함시켜 버리곤 한다.

오늘은 아이에게 기분이 어떤지 한번 물어보자. 이 책의 목차를 펼치고 가장 비슷한 기분이 쓰인 페이지를 열어 보자. 그 감정은 어떻게 표현되었을까?

④ 마음의 '색'은 매 순간 달라져요.

아이들 마음의 색은 매일 달라요. 아니 매 순간 달라져요. 어제는 먹구름이 낀 검정이었는데 오늘은 핑크빛이에요. 오늘은 생일이거든요. 방금 전까지는 생일이라 핑크빛이었는데 제일 친한 친구가 생일잔치에 못 온다고 해서 마음이 회색빛으로 바뀌었어요. 자! 이렇게 내 아이 마음은 끊임없이 바뀝니다. 어른도 아이도 감정을 잘 표현하지 못해요. 또 감정은 나의 것이지만 나만의 힘으로는 다루기 힘들죠.

어린아이들이 울다가 멈출 때는 언제일까요? 부모가 안고 어르고 달랠 때지요. 내가 표현한 감정이 오롯이 이해받고 있음을 느끼는 순간 격했던 감정이 누그러지고 아이는 성장해요.

부모와 아이의 인사이트 확장을 위한 TIP

• 아이와 '감정'의 색깔을 이야기해 보면서 생각을 점프 업 해 보세요.
 인간관계의 첫 단추는 내 감정 바로 알기예요. 우리는 '상황' 때문에 울거
 나 화가 나는 것이 아니라 '감정' 때문에 기분이 나빠요. 같은 상황이라도
 상대에 따라서 혹은 그날 나의 감정에 따라서 표현되는 '감정'은 달라지
 잖아요. 친구가 똑같이 실수를 해도 내가 좋아하는 친구면 나는 화를 내지
 않죠.
 아이들은 부모와의 '감정 나눔'을 통해 성장해요. 아이에게 솔직한 부모의
 감정도 전달해 보세요. 아이만 감정이 있는 게 아니라 부모도 감정이 있음
 을 말해 주세요. 그래야 아이도 다른 사람과의 관계에서 자신의 감정에 솔
 직해질 수 있고 그런 관계 맺음으로 성장할 수 있답니다. "새들이 날개로
 높은 하늘을 나는 것처럼 사람들에게는 단어가 바로 날개이니, 네가 어떤
 기분인지 똑바로 이야기할 때 너는 더 높이 날아오를 수 있을 거야"라고
 아이들의 감정을 끌어내어 보세요.

- 내 마음은 지금 어떤 색인가요? 내 마음의 색에 동그라미 치고 왜 그런지 이야기해 보세요.

빨강	주황	노랑	초록	파랑	남색	보라

거인의 정원 ★행복한아침독서 추천 도서

지은이 오스카 와일드   출판사 아이위즈, 웅진씽크하우스 외   연계 교과 국어 2

'함께'의 기쁨을 느껴 본 적 있나요?

책 속으로

학교가 끝나면 아이들은 부드러운 잔디가 파랗게 덮인 아름다운 거인의 정원에서 신나게 뛰어 놀았다. 새들은 아름답게 지저귀고 복숭아나무에는 복숭아가 주렁주렁 열렸다.

그러던 어느 날 7년 동안이나 집을 비웠던 거인이 돌아와 소리를 치며 아이들을 쫓아냈다. 욕심 많은 거인은 그 누구도 정원에 들어온다면 큰 벌을 내리겠다고 써 붙이기까지 했다. 아이들은 놀 곳을 빼앗겼고 거인의 정원은 아름다움을 잃어버렸다. 봄이 되었지만 아이들이 없는 정원은 여전히 겨울이었다. 이 상황을 가장 기뻐하는 건 눈과 서리였다. 북풍은 으르렁거렸고 우박은 날마다 지붕을 두드려댔다. 거인은 봄을 기다렸지만 끝내 봄은 오지 않았다. 여름도 가을도 마찬가지였다.

그렇게 시간이 흘렀고 거인의 정원에 봄이 찾아왔다. 그날은 아이들의 웃음이 정원에 가득 찬 날이었다. 거인은 담을 허물고 아이들을 다시 초대했다. 아이들과 함께하는 거인은 행복했고 정원은 아름다움을 되찾았다.

시크릿한 책 속 비밀

서양의 욕심쟁이 하면 떠오르는 스크루지, 우리나라의 대표 욕심쟁이 놀부! 둘의 공통점은 '욕심' 때문에 오히려 자신이 가진 걸 모두 빼앗겼다는 것이다. 그러나 스크루지는 개과천선했고 놀부는 그대로 쫄딱 망했다.

욕심이 많은 아이들이 있다. 급식을 먹을 때 맛있는 음식이 나오면 몇 번을 줄 서서 더 받아 먹거나 맛있는 음식을 슬쩍 하나 더 챙겨 먹기도 한다. 그런 아이들은 친구들에게 인기가 없는 경우가 많다. 아이들 세계에서도 양보하고 매너 있는 아이는 인기가 많다. 음식을 하나 더 먹는다면 내가 조금 행복해지겠지만 친구와 나누면 그보다는 조금 더 행복해진다는 걸 아이들이 깨닫기를 바란다.

인디언 말에 '외로운 나무가 되려거든 혼자 서고 푸른 숲이 되려거든 함께 서라'는 속담이 있다. 거인이 혼자 정원을 차지하고 느끼려고 했던 행복보다 아이들과 함께했을 때 찾아온 봄날에 더 큰 행복을 느꼈던 거인처럼 우리 아이들이 푸른 숲에서 행복함을 느끼며 살기를 바란다.

 A
인간은 '함께'에서 행복을 느끼는 존재지요.

한 사람이 가면 열 걸음 가야 닿는 곳이 열 사람이 간다면 한 걸음씩만 가면 닿을 수 있게 되지요. 분리수거를 할 때도 어린 손이지만 아이들에게 역할을 주면 아이들이 거든 한몫이 든든하게 도움을 주기도 해요. 도미노 게임을 할 때나 퍼즐 게임처럼 조각이 많은 게임을 할 때도 힘을 모으면 금방 해결할 수 있고요. 미로를 헤쳐 나가야 할 때는 서로가 든든한 동반자가 되지요? 집단이 함께 모여 생각하면 어려운 문제도 금방 해결할 수 있어요.
우리는 '함께'의 소중함을 문득 잊고 지내기도 해요. 공기처럼 늘 함께 있어서 그 소중함이 와 닿지 않기 때문일 거예요. 아이들의 웃음이 가득했던 정원에 아이들의 웃음이 사라지자 겨울의 음습한 추위와 세찬 우박, 거센 바람이 불어오고 정원은 겨울이 되었어요. 7년간 아이들의 웃음으로 가득 차 행복했던 '함께'의 공간에 아이들이 빠지니 삭막한 공간이 된 거죠. 우리 인간은 언제나 '함께'에서 행복을 느끼는 존재랍니다.

부모와 아이의 인사이트 확장을 위한 TIP

• 2021년 6월 17일, KBS 〈누가 누가 잘하나〉에 소개된 '모두 다 꽃이야' 노래를 감상해 보아요.
아이는 모두 한 송이 한 송이 소중한 꽃이에요. 아이들이 웃으면 봄이 오고 꽃이 피는 것 같아요. 각자가 피는 시기는 다르지만 자신의 역량에 맞게 스스로에 어울리는 계절에 꽃을 피우는 어린이들을 응원해요.

'모두 다 꽃이야'
류형선 작사·작곡

- 거인과 어린이 입장에서 서로에게 어떤 말을 해 주고 싶은지 생각을 점프 업 해 보세요.

거인이 어린이에게

_____

_____

_____

_____

_____

어린이가 거인에게

_____

_____

_____

_____

_____

신고해도 되나요? ★제14회 문학동네어린이문학상 수상작

글, 그림 이정아, 윤지회 출판사 문학동네 연계 교과 통합교과 1, 2

신고해도 되나요?

책 속으로

영어 학원 차 안의 아이들이 모두 문어 다리를 질겅질겅 씹고 있다. 비릿하니 별로 맛이 있어 보이진 않았는데 먹고 싶냐는 경수의 물음에 헌재는 이백 원을 빌려 문어 다리를 사 먹게 된다. 사준 건 꼭 얻어 먹어야 직성이 풀리는 경수에게 진 빚을 갚으려고 헌재는 엄마 몰래 돼지 저금통에 손을 댄다. 선생님께 거짓말을 하고는 점심시간에 몰래 학교 앞 문방구에 가서 경수에게 줄 '얄라리' 젤리를 사 온다. 그런데 이게 웬일! 하필 벌레 먹은 불량 식품이 아닌가! 바꿔 와야 하나? 바꿔 주기는 할까? 고민하던 아이들 머릿속에 지난번 학교에서 배운 '불량 식품은 신고해야 한다'는 말이 생각난다.

잠시 후 난데없이 경찰차가 학교에 들이닥친다. 경수와 헌재는 선생님들이 가르쳐 주신 대로 불량 식품을 신고했고 잘못된 걸 잘못됐다고 말했을 뿐인데, 교감 선생님은 학교 망신이라고 꾸지람을 하시며 반성문을 쓰라고 하신다. 아이들은 이해할 수가 없다. 정말 어른들 말을 믿고 신고해도 되는 거였을까?

시크릿한 책 속 비밀

요즘도 학교 앞에는 '불량 식품'을 파는 문구점이 있다. 아이들은 용돈을 모아 문구점에 가서 이백 원, 오백 원짜리 사탕과 젤리를 사는 걸 참으로 즐거워한다. 먹고 나면 혀가 파랗게 물들고 한동안 색이 원래대로 돌아오지 않을 때도 있지만 아이들의 상상력을 자극하는 신기한 모양과 혀끝을 유혹하는 맛에 아이들은 주머니를 열고 만다.

가끔 '불량 식품'이 주는 유해와 '추억'이 주는 즐거움 중에 어떤 것이 더 중요한가를 생각하게 된다. '불량'은 무조건 나쁜 것인가? '불량'하기에 그것은 추억이 될 수 없는 것일까?

나를 포함하여 우리 부모 세대가 어린 시절 문구점에서 사 먹었던 수많은 불량 식품이 현재 우리 삶에 어떤 영향을 끼치는지 잘 모르겠지만, 친구들과 빠진 이를 드러내 보이며 서로의 모습을 보고 깔깔 웃었던 문구점에서의 '추억'은 마음속에 영원할 것이다. 불량한 엄마인 나는 가끔 아이들과 불량 식품을 먹으며 해맑게 웃는 아이들의 웃음을 사러 문방구에 들리곤 한다.

ⓐ
진실을 말하는 '용기'는 언제나 멋져요.

때로는 아이들보다 어른들에게 용기가 필요할 때가 있어요. 아이들에게는 '정의'를 외치면서 어른들은 '관계'를 생각할 때도 많거든요. 반 친구 누군가가 다른 친구를 왕따시키고 있어요. 그 일을 부모님과 상담했을 때 부모는 오히려 내 아이가 왕따의 대상이 될까 봐, 선생님께 말씀드리라고 적극적으로 나서지 못할 때도 있죠. 친구가 물건을 훔치는 걸 봤지만 혹시 힘이 센 그 친구가 내 아이에게 해코지를 할까 싶어 모르는 척하라고 할 수도 있어요. 부모는 '정의로운' 행동보다는 내 아이를 지켜야 하기 때문이겠죠.

이 책의 어른들은 모두들 정의를 이야기해요. 하지만 자신의 입장에 따라 책임을 회피하기도 하죠. 아이들은 배운대로 신고했는데 반성문을 쓰게 하거나 부끄럽다고 말하는 어른들의 모습은 전혀 논리적이지 않아요. 잘못된 일에 잘못되었다고 '진실'을 말하는 '용기'는 아이들이 어른보다 훨씬 나은 것 같아요.

부모와 아이의 인사이트 확장을 위한 TIP

• 주변을 둘러보고 꼭 신고하고 싶은 것(곳)을 써 보면 여러분의 생각이 스프링처럼 튀어 오를 거예요. 생각을 점프 업 해 볼까요?
  학교 앞에 불법 주정차한 차는 어떤가요? 예시를 보고 여러분이 신고하고 싶은 것과 이유를 써 보세요.

신고하고 싶은 것:

학교 앞 불법 주정차 된 차량

왜 신고했나요?:

학교 앞에 불법으로 주정차한 차량 때문에 학생들의 통행이

불편하고 소방차가 들어오기가 힘들어요. 또 차가 있어서

키가 작은 어린이들은 앞이 잘 보이지 않아 위험해요.

신고하고 싶은 것:

왜 신고했나요?:

쇠를 먹는 불가사리, 불가사리를 기억해 ★온책

글, 그림 정하섭·유영소·임연기·이영림   출판사 길벗어린이, 사계절   연계 교과 국어 2

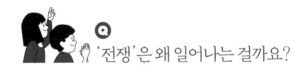

Q '전쟁'은 왜 일어나는 걸까요?

책 속으로

> 고려 말 송도(지금의 개성)에서 있었던 일이다.
> 전쟁으로 가족을 잃은 아주머니는 외딴집에서 홀로 살고 있었다. 자신의 가족을 빼앗은 칼, 활, 총 같은 쇠붙이가 싫었던 아주머니는 슬픈 마음을 꾹꾹 눌러 담아 밥풀로 조그만 인형을 만들고 '불가사리'라고 이름 붙였다. 그리고는 인형에게 쇠를 다 먹어 치워 주길 바라는 노래를 불러 주었다. 불가사리는 쇠를 먹고 점점 자라나 전쟁터에 나가 오랑캐의 무기를 몽땅 먹어 치웠다. 고려는 불가사리 덕분에 전쟁에서 승리할 수 있었다. 임금은 전쟁을 승리로 이끌고 나라를 구한 불가사리를 녹여 죽이려고 했다. 불가사리가 임금의 자리를 넘볼 수도 있다는 점쟁이의 말을 믿었기 때문이다.
> 임금은 점쟁이 말대로 들에 풀을 심고 아주머니를 묶었다. 그리고는 풀에 불을 붙였다. 불가사리는 아주머니를 구하려고 자기 몸이 녹아내리는 줄도 모르고 불에 뛰어들어 아주머니를 구한다. 이후 불가사리를 본 사람은 아무도 없다고 한다.

시크릿한 책 속 비밀

> 교과서에는 '쇠붙이를 먹는 불가사리'라는 제목으로 실린 이야기다.
> 2학년에서는 이 내용을 제재로 '내용을 파악해서 일어난 차례대로 정리하기', '인물의 모습을 말하고 표현하기', '뒷부분 상상하기'로 구성하여 지도하고 있다.
> 아이와 책을 읽고 불가사리의 모습을 상상해서 그려 보자!

정말 불가사리가 우리나라에 살고 있다면 세상은 어떻게 변하게 될지도 이야기 나눠 보면 좋겠다. 교과서에서 다루는 이야기를 미리 읽어 보면 수업에 자신감도 생기고 다음에 이어질 이야기를 상상해 보면서 창의력도 키울 수 있다.

서로 '양보'하지 않기 때문이지요.

지구는 지금도 전쟁 중이죠. 우크라이나 전쟁과 시리아 내전으로 많은 사상자와 난민이 발생하고 있어요. 아이들은 이 전쟁을 어떻게 생각할까요?

우리나라는 전쟁을 잠시 휴식하는 '휴전'중이라 전쟁을 끝내는 '종전'을 하기 전까지는 전쟁으로부터 자유로운 나라는 아니에요. 전쟁이 발생하면 힘없는 어린아이들이 큰 상처를 받게 되는데 왜 어른들은 전쟁을 벌일까요?

그건 서로 더 큰 이익을 얻으려고 하기 때문이에요. 서로 더 가지려는 욕심. 자신과 의견이 맞지 않으면 대화로 풀지 않고 힘으로 싸우려는 어른들의 못된 마음에서 전쟁이 시작돼요. 우리 어린이들이 전쟁을 막을 수는 없지만 친구와 의견이 맞지 않을 때는 말로 잘 이야기해서 평화롭게 풀도록 해요.

부모와 아이의 인사이트 확장을 위한 TIP

- 내가 생각한 '불가사리'를 상상해서 그려 보세요.

내가 생각하는 불가사리의 모습

아주머니를 구하고 사라진 불가사리*는 지금 어디에 있을까요? 뒤에 이어질 이야기를 상상해서 써 보세요.

_____

_____

_____

_____

_____

_____

_____

_____

_____

_____

_____

★ 불가사리(不可殺伊):
　아니 '불', 가능할 '가', 죽이다 '살', 저 '이'
　'저것은 죽일 수 없다'라는 뜻으로 우리 조상들은 재앙을 막아 주는 수호신으로 여기곤
　했답니다.

프레드릭 ★칼데콧상

지은이 레오 리오니　출판사 시공주니어　연계 교과 국어, 미술, 도덕 3·4

사람을 살찌우는 '양식'은
먹는 음식뿐일까요?

책 속으로

　　농부들이 이사를 가고 빈 곳간에 겨울이 다가오자 들쥐들은 열심히 먹거리를 모으며 일했다. 프레드릭만 빼고 말이다. 프레드릭에게 왜 일을 하지 않느냐고 물으면 프레드릭은 겨울날들을 위해 햇살을 모으는 중이라고 대답했다. 어느 날은 풀밭에 앉아 온통 잿빛인 겨울을 대비해 색깔을 모으고 있다고도 했다. 다른 들쥐들이 열심히 일할 때 꾸벅꾸벅 조는 것처럼 보이는 프레드릭에게 꿈꾸고 있냐고 물으니 겨울에는 얘깃거리가 동이 날 것이라서 이야기를 모으는 중이라고 대답하기도 했다.

　　한겨울이 되자 모아 둔 식량이 다 떨어졌다. 들쥐들은 프레드릭이 가진 양식이 어떻게 되었는지 물었다. 프레드릭은 자신이 모았던 햇살과 색깔 이야기를 들려주었다. 들쥐들은 프레드릭을 시인이라 칭송하고 프레드릭은 수줍게 인정한다. 그들은 행복한 겨울을 보낸다.

시크릿한 책 속 비밀

　　나와 다름을 인정하는 용기!

　　상대를 인정하고 비난하지 않는 마음!

　　아이들은 다름과 틀림을 잘 구별하지 못한다. 그래서 종종 싸움이 일어나고 비난의 말로 작은 싸움이 더 크게 번지기도 한다.

　　열심히 일하는 들쥐들 사이에서 햇살을 받으며 꾸벅꾸벅 조는 것처럼 보이는 프레드릭을 인정하는 들쥐 가족들의 모습에서 답답함도 느끼지만 마음의 여유를 배운다. 세상에는 다양한 사람이 존재하고 사람마다 가진 개성으로 사회는 더 아름답고 다채롭다. 시인이 있고 가수가 있어 우리는 힘든 노동 중에도 위안받고 미소 짓는다.

아이들에게 세상 사람이 다 똑같은 모습이라면 세상이 얼마나 재미없는 곳이 될지 생각해 보자고 말해 보자. 우리가 청소할 때 음악을 들으면 즐거워진다. 그럼 그 음악은 누가 만들었을까? 음악을 만드는 작업이 청소하는 일보다 가치가 낮다고 볼 수 있을까? 음식이 다 떨어져 춥고 배고픈 들쥐들에게 '프레드릭'이 없었다면 얼마나 불행한 겨울을 보내게 되었을지 함께 생각해 보고, 만약 프레드릭을 다른 들쥐들이 비난하기만 했다면 어떻게 되었을지도 이야기 나눠 보자.

Ⓐ '예술'이 우리 삶을 아름답게 해요.

사람은 밥만 먹고는 살 수가 없어요. 음악도 듣고 그림도 그리고 춤도 추지요. 예술은 삶을 더 풍요롭고 기쁘게 만들어 줘요. 세상에 시인이 없다면 사람들은 꿈을 꿀 수 있었을까요? 세상에 음악이 없었다면 사람들은 쉬는 동안 무엇을 할 수 있었을까요? 세상에 화가가 없었다면 사람들은 창의적이고 다채로운 시각으로 풀어낸 아름다운 예술 작품을 경험할 수 있었을까요?

부모와 아이의 인사이트 확장을 위한 TIP

• 우리도 '프레드릭'처럼 시인이 되어 볼까요? 시를 써 보면서 생각을 점프 업 해 보세요.

우리는 많은 질문에 답을 하고 상상하면서 마음 그릇을 키울 수 있어요. 운동을 하면 몸에 근육이 생기는 것처럼 많은 생각을 하면 생각의 깊이가 크고 넓어진답니다. 그걸 도와주는 게 예술가의 일이에요.

지금은 어떤 계절인가요? (   )

계절에 볼 수 있는 것 5가지를 써 보세요.

① _____

② _____

③ _____

④ _____

⑤ _____

그럼 5가지 중 1가지를 골라 3행시, 4행시 등 글자 수에 맞게 시를 써 볼까요?

황새의 엉터리 판결 ★제6회 한국출판문화대상

글, 그림 박성아, 채수현   출판사 한국가우스   연계 교과 통합교과 1, 2

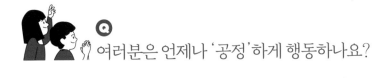

여러분은 언제나 '공정'하게 행동하나요?

책 속으로

> 조용한 숲속이 어느새 시끌벅적해졌다. 꾀꼬리, 뻐꾸기, 따오기가 자기 목소리가 최고라고 싸우기 시작했기 때문이다. 그때 꾀꼬리가 황새라면 지혜롭게 판단해 줄 테니 황새 앞에 가서 노래를 부르자고 제안했다. 뻐꾸기도 신이 나서 동의했다. 노래에 자신이 없어 속이 바짝바짝 타들어 가던 따오기는 논두렁에서 먹이를 한 바구니 잡아 황새에게 찾아갔다. 따오기는 먹이 바구니를 황새에게 주며 자기편을 들어달라고 얘기했다. 황새가 먹이 바구니를 슬쩍 뒤로 감추자 따오기는 안심이 되었다.
>
> 날이 밝자 새들이 황새의 집에 모여 노래 솜씨를 뽐냈다. 꾀꼬리와 뻐꾸기의 노래에 핀잔을 준 황새는 따오기 노래 덕분에 소화가 잘됐다면서 따오기를 숲속 제일의 가수로 인정해 주었다. 하지만 숲속 친구들은 아무도 그 사실을 받아들이지 않았다.

시크릿한 책 속 비밀

> 정의의 여신 유스티티아(Justitia)★는 한 손에는 저울을, 다른 손에는 칼을 거머쥔 모습의 조각상으로 영어 'Justice'의 어원이기도 하다.
>
> 정의의 여신상이 왜 저울과 칼을 쥐고 있을까? 왜? 눈을 가리고 있는 걸까? '정의'라는 개념이 아직 어려운 아이들에게 조각상이 들고 있는 것들의 의미를 물어보면서 스스로 개념을 정립할 수 있도록 하자.
>
> 이 책에서 '먹이'인 뇌물을 받고 공정하지 못한 판결을 한 황새를 어떻게 생각하는지, 나라면 어떤 판단을 내렸을지 이야기해 보면 아이들은 '정의'가 뭔

지 확실한 생각을 정립할 수 있을 것이다.

★ 정의의 여신
정의를 구현하는 데 필요한 힘을 나타내는 '칼', 공정성과 공평성을 상징하는 '저울', 아울러 감정에 휩싸이지 않고 상대의 신분이나 지위, 계급에 흔들리지 않겠다는 의지의 '눈가리개'까지 정의의 여신은 공정함의 상징이다.

 ⓐ
'공정'하게 판단하려고 노력하면서 살아요.

'공정'은 공평하고 정당함을 뜻해요. 개인적 이익에 따라 판단하지 않고 정의롭게 판단하는 거죠. 그럼 우리는 매번 '공정'하고 '정의롭게' 판단할까요? 사실 우리는 감정을 가진 인간이라 늘 올바르게 판단하는 것이 쉬운 일은 아니에요. 기회는 평등하고 과정은 공정하고 결과는 정의로운 세상을 만들려고 노력할 뿐이죠.

건강한 몸으로 태어나 행복한 가정에서 공부하는 친구들과 약한 몸으로 태어나 가난하고 화목하지 못한 가정에서 공부하는 친구들은 시작점이 달라요. 해도 들지 않는 지하 단칸방에서 생활하는 친구는 가족의 생활비를 벌려고 편의점에서 아르바이트를 해야 해요. 그럼 이 친구는 공부할 시간도 부족하고 학교에 오면 피곤해서 꾸벅꾸벅 졸기도 하겠죠. 이건 공정한가요?

우리는 보통 공부를 잘하는 사람을 성실하다고 생각하잖아요. 편의점에서 열심히 가족의 생활비를 버느라 시험 공부를 제대로 하지 못해 성적이 좋지 않은 이 친구는 불성실해서 공부를 못하는 건가요?

불우한 환경의 친구를 배려하지 않고 무조건 똑같이 대하면 공정한 걸까요? 출발선이 다른 친구들에게 도전해 볼 수 있을 만큼 도움을 주면 어떨까요?

부모와 아이의 인사이트 확장을 위한 TIP

인사이트 팁: 윤쌤이 나누고픈 한마디!

아이들은 '차별'에 민감해요.

"선생님 왜 쟤랑 저랑 차별해요?"

이런 질문을 받으면 당황스러울 때가 있답니다. 교사가 사실 아이들을 차별할 이유는 없어요. 물론 사람이니 조금 더 마음이 가는 아이가 있을 수는 있겠지만 교사도 직업인이니 굳이 '차별'하면서까지 나쁜 선생님이 되고 싶지는 않거든요.

그런데 왜 '차별'한다고 생각할까요? 교사들은 아이들 한 명 한 명의 사정을 누구보다 잘 알고 있어요. 집중력이 약한 아이, 눈이 잘 보이지 않는 아이, 가정 환경이 불우한 아이 등 아이들에게도 사정이 있어요. 집중력이 약한 아이가 노력하는 모습을 보이면 더 크게 칭찬해 주기도 하고, 눈이 잘 보이지 않는 아이는 앞쪽으로 앉히기도 해요. 가정 환경이 불우한 아이에게는 은근슬쩍 머리라도 한 번 더 쓰다듬으며 격려하기도 한답니다.

우리는 모두 어느 가정에서 출생했느냐에 따라 똑같은 선에서 출발하는 건 아니에요. 누구는 부모의 덕으로 훨씬 앞장서 걷고 있고, 어떤 이는 그 누구의 도움도 없이 홀로 묵묵히 걸어야 하죠. 어떤 이는 어깨에 여러 명의 식구를 업고 길을 가야 하는 출발도 있어요. 이미 출발선에서부터 공정이 존재하지 않아서 교사는 그들이 조금 더 공정한 세상으로 나아가도록 열심히 돕고 있는 것이랍니다.

- '자유의 여신상'의 양손에 무언가를 그려 주세요. 왜 그렸는지 생각하고 설명하면서 생각을 확장하고 생각을 점프 업 해 보세요.

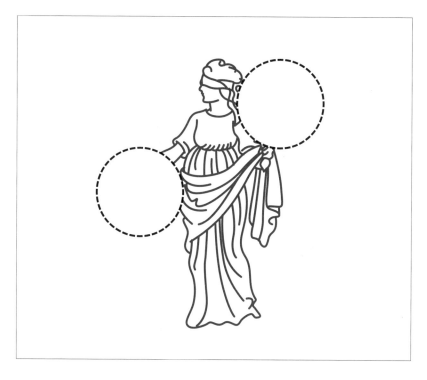

"이 물건을 그린 이유는 무엇인가요?"

내가 조금 불편하면 세상은 초록이 돼요 ★세종

글, 그림 김소희, 정은희   출판사 토토북   연계 교과 국어 2, 과학 3·4

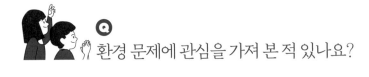 환경 문제에 관심을 가져 본 적 있나요?

책 속으로

어린이들이 생활 속에서 쉽게 실천할 수 있는 '환경을 지키는 50가지 방법'이 담겨 있다. 종이컵 대신 나만의 컵을 쓰는 일, 가까운 거리는 걸어가고 휴지 대신 '쪽수건'을 쓰는 생활 속 작은 행동들이 환경 보호를 위한 첫걸음이라고 말한다.

주인공은 음식은 먹을 만큼만 받고 남기지 않기, 선물 포장지 다시 쓰기, 하늘로 풍선 날리지 않기, 아무것도 사지 않는 날 정하기 등 환경을 지키는 방법을 하나씩 배워 간다. 물놀이를 하다 버린 욕조 물을 페트병에 담으면 큰 페트병 200개가 채워지고, 양치질할 때 물을 틀어 놓고 헹구면 48컵의 물이 버려진다는 사실도 알려 준다. 환경과 건강을 지키는 녹색 상품을 고르는 법, 친환경 청소법, 다 쓴 종이로 새 종이를 만드는 법 등이 소개되어 있으며 책의 본문지는 재활용 종이를 사용하여 제작되었다.

시크릿한 책 속 비밀

인간이 하루에 필요한 물은 80리터인데 미국에서는 한 사람이 하루 1,000리터를 쓴다고 한다. 세차를 하고 잔디에 물을 줘야 하기 때문이다. 그런데 지구 반대편의 아프리카 아이들은 물이 부족해 하루에 1만 5천 명이 죽어 가고 있다. 참 마음 아픈 일이다.

이 책을 읽으며 '환경' 문제에 대해 이야기를 나눠 보자. 그리고 우리가 할 수 있는 '환경 보호'를 실천해 보고 아이와 다짐을 해 보는 것도 좋을 것이다.

요즘 유행하는 '스티커' 때문에 빵을 사지 말자.

① 누군가에게는 소중한 식량이 될 빵이다.
② 빵 봉지를 만들고 기계를 돌리는 데 들어간 석유, 돈, 에너지를 낭비했다.
③ 버려진 봉지와 남은 빵은 지구를 오염시키는 쓰레기가 된다.

녹색 지구를 만드는 일은 어른 아이 할 것 없이 누구나 할 수 있는 일이고, 꼭 해야 할 일이라는 걸 아이들도 인식할 수 있도록 생활 속에서 지켜 나가야 할 규칙을 이야기 나눠 보면 좋겠다.

'환경'에 관심을 기울이면 '지구'가 행복해져요.

우리 친구들은 환경 문제에 관심이 많아요. 어릴 적부터 꾸준히 교육을 받았기 때문이죠. 일회용품 사용을 줄이고 쓰레기 분리수거를 열심히 해요. 그런데 아직은 불필요한 물건을 사고 싶은 욕구와 환경지킴이 역할 사이에서 가끔은 불필요한 물건을 사고 싶은 욕심이 승리하곤 해요. 그래서 요즘 유행하는 스티커 빵도 사고 미세 플라스틱이 많이 나온다는 슬라임도 사요. 환경 보호가 승리하려면 좀 더 환경 공부가 필요해요. 그렇지 않으면 우리 아이들이 어른이 된 세상에서는 우리가 사는 이 땅도 안전하지 않을 수 있거든요. 홍수와 가뭄, 물 부족, 기상 이변이 결코 남의 나라 이야기만이 아니라는 걸 뉴스에서 봐서 다들 알고 있지요? 2022년 서울 지역의 홍수, 안전하다고 믿었던 우리나라 곳곳의 지진 등 자연재해까지 자연 앞에서 인간은 한없이 작아진답니다. 오늘부터 우리가 할 수 있는 환경을 위한 실천을 한 가지씩 해 봐요. 불필요한 전기를 끄고 불필요한 플러그에 꽂힌 전기 코드를 빼고, 비닐봉지 대신 장바구니를 가지고 다니며 일회용품 사용을 자제해야 합니다.

부모와 아이의 인사이트 확장을 위한 TIP

• 6월 5일이 어떤 날인지 아세요? 그럼 4월 22일은 어떤 날일까요?

6월 5일은 바로 UN이 정한 '세계 환경의 날'이고 4월 22일은 민간 운동에서 시작된 '지구의 날'이에요.

소등 행사(전깃불 끄기 행사)는 지구의 날인 4월 22일 오후 8시부터 10분간 지구의 소중함을 알리기 위해 전국 각지의 건물에서 조명을 동시에 끄는 행사를 말해요. 관광청사와 관광명소, 각 가정에서 전기를 아껴 온실가스 배출을 줄이고자 시행되고 있어요.

환경부 발표에 따르면 정부 지자체 청사와 아파트, 남산 서울타워와 수원 화성행궁 등 각 지역 명소에서 동시에 10분간 조명을 끄면 무려 52톤의 이산화탄소를 감축하는 효과가 있다고 해요. 이는 30년생 소나무 7천 9백여 그루가 1년 동안 흡수하는 이산화탄소량과 같은 효과를 낸다고 해요. 단 10분의 소등이 가져오는 놀라운 효과를 보면 반대로 그동안 우리가 지구에게 얼마나 많은 일을 시켰는지 알 수 있어요. 지구도 조금씩 쉴 수 있다면 우리 지구는 다시 초록 지구로 돌아오게 될 거예요.

• 우리 가족의 '초록 지구 지키기' 약속을 정해 보세요.

우리 가족의 '초록 지구 지키기' 약속

가족 이름	지킬 일	잘 지켰나요?
		네/아니오
		네/아니오
		네/아니오
		네/아니오
		네/아니오

파란 티셔츠의 여행 ★국립어린이청소년도서관 추천 도서

글, 그림 비르기트 프라더, 비르기트 안토니   출판사 담푸스   연계 교과 통합교과 1·2, 도덕·사회·국어 5·6

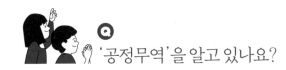 '공정무역'을 알고 있나요?

책 속으로

　　인도에서 태어난 작은 목화는 자라서 목화솜이 된다. 웃고 노래하며 즐겁게 목화를 따는 여자들이 목화를 하얀 구름처럼 모은다. 목화솜은 수레에 실려 시골길을 지나 도시로 간다. 울퉁불퉁한 인도의 길을 지나 옷감 짜는 공장에 도착했다. 목화를 기계에 넣어 보드랍게 만든다. 실 잣는 공장으로 간 목화는 물레에서 두껍게 감아진다. 커다란 두루마리처럼 실을 옷감으로 짠다. 이제 목화는 하얀색 옷감이 되었다. 인도 북쪽으로 가서는 몸에 해롭지 않은 물감에 담겨 아름다운 색 옷감으로 물든다. 목화는 파란 옷감이 되었다.

　　이제 옷 만드는 공장에서 재단사는 재단을 하고 재봉사는 바느질을 한다. 이제 목화는 티셔츠가 되었다. 티셔츠는 배를 타고 오랜 시간이 지나 유럽에 도착한다. 티셔츠를 실은 트럭 운전사는 잠시 쉬기도 하며 티셔츠를 운반한다. 문에 페어 트레이드(FAIRTRADE)란 간판이 적힌 가게로 티셔츠를 옮긴다.

　　점원이 티셔츠를 판매대에 진열하자 작은 여자아이가 티셔츠를 마음에 들어 한다. 아이의 엄마는 조금 비싼 가격이지만 '우리 몸에 해롭지 않은 좋은 물감을 쓰고 이 옷을 만든 모든 사람에게 품삯을 제대로 준' 옷을 산다. 아이는 친구들에게 이 옷이 어떻게 만들어졌는지 이야기를 들려줄 것이다.

시크릿한 책 속 비밀

> 　　인도에서 자란 목화가 실이 되고, 옷감이 되고, 옷감으로 만든 '파란 티셔츠'가 유럽에 사는 여자아이의 옷이 되는 과정을 보여 주면서 '공정무역'에 대해 이야기해 주는 책이다.

인간에게 해롭지 않은 재료를 쓰고 일하는 사람에게 정당한 노동의 대가를 지불해 그 옷을 만든 사람들이 가족을 부양할 수 있고 아이들을 학교에 보낼 수 있다. 이 책을 통해 '제값에 팔고 사는 좋은 물건', '사는 사람과 파는 사람 모두가 이익인 물건'을 구매하는 것이 모두에게 행복한 일이라는 사실을 공부할 수 있다. 또한 아이들은 옷이 만들어지는 과정뿐만 아니라 모두가 함께 행복하게 사는 방법에 대해서도 생각해 볼 수 있다.

세계를 열린 눈으로 보고 공정하지 않은 사회 문제에 대해서도 고민해 볼 수 있다. '부모와 아이의 인사이트 확장을 위한 TIP'에서 공정무역을 다뤘으니 아이와 함께 공부해 보면서 사회를 보는 시각을 확장해 볼 수 있을 것이다.

Ⓐ '공정무역'은 모두가 행복한 '거래'예요.

축구공은 만들 때 바느질을 700번이나 해야 하는 힘든 작업을 거쳐서 생산된답니다. 그런데 우리가 몇만 원 주고 사는 축구공을 700번 바느질해서 만든 사람은 얼마를 받을까요? 150원을 받는다고 합니다.

공정무역은 물건을 사고팔 때 힘들게 만든 대가를 올바로 받을 수 있도록 올바른 가격을 주고 사 오는 '착한 거래' 방식입니다. 우리가 공정무역 제품을 사용하면 가난한 나라 친구들이 학교를 다닐 수 있고 그 친구들이 훌륭한 사람이 되어서 그들이 또 가난한 사람을 도와줄 수 있을 거예요. 매년 5월 둘째 주 토요일은 '세계 공정무역의 날'이랍니다. 기억했다가 부모님과 주변 친구들에게도 공정무역 제품을 사용할 수 있도록 홍보해 주길 바라요.

부모와 아이의 인사이트 확장을 위한 TIP

• 한국공정무역협의회를 소개합니다. 이곳에서 공정무역에 대해 더 자세히
공부해 보세요.

우리나라와 공정무역을 하는 나라

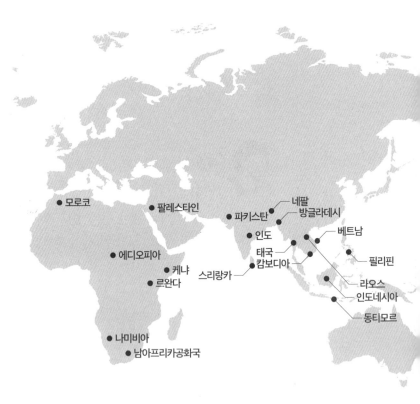

한국공정무역협의회(Korea Fair Trade Organization, KFTO) 전 세계 26개국 71개의 생산 단체와 함께하고 있어요. 남아메리카 7개국, 아프리카 6개국, 아시아 13개국이 참여하고 있지요. 판매 품목은 방글라데시, 인도네시아, 과테말라, 캄보디아에서 만든 소품류, 나미비아, 캄보디아의 수공예품, 카메룬, 네팔, 르완다, 페루, 콜롬비아의 커피, 인도의 향신료와 면화, 남아공의 와인 등이랍니다.

사람들이 세상을 바꾸기 시작했어요 ★온책읽기 추천 도서

글, 그림 스테판 미예루, 세바스티앙 셰브레   출판사 책속물고기   연계 교과 통합교과 1, 2

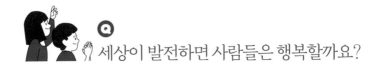 세상이 발전하면 사람들은 행복할까요?

책 속으로

세상이 하나의 마을일 때 사람들은 온 마을을 두루 다니며 살았다.

그러던 어느 날 사람들이 돈을 만들어 냈고 집을 지었다. 도시가 생기고 많은 물건을 만들어 내는 공장도 생겼다. 공장에서는 큰 기계가 쉴 새 없이 돌아갔다. 이제 석유 없이는 살 수 없는 세상이 되었다. 그러다 석유가 떨어지게 되었다. 기계가 멈췄고 공장이 필요 없게 됐다.

공장이 문을 닫자 사람들은 도시에 모여 살 필요가 없었고 도시가 사라지자 돈도 소용없게 되었다. 돈이 없으니 집도 지을 수 없었다. 집이 사라지니 모든 사람이 밖으로 나왔다. 그리고 꽃과 바다와 산에 둘러싸여 사는 기쁨을 되찾았다.

> 이 책을 읽다 보면 세상이 발전하는 지금, 사람들은 과연 행복한가를 생각하게 된다. 예전 아이들은 흙을 밟고 자랐고 마을 길은 모두 놀이터였으며 지나는 동네 분들은 서로의 집 숟가락 개수까지 알 정도로 친한 '이웃사촌들'이었다. 하지만 지금 우리의 일상은 달라졌다. 옆집에 누가 사는지도 모른 채 단절된 아파트, 놀이터에서 동심을 키우는 대신 부모의 손에 이끌려 학원에서 공부하기 바쁜 아이들….
>
> 우리는 지금이 행복할까? 조금 불편했던 예전이 더 행복할까? 아이들과 이 책을 읽으며 기술이 발달하고 도시가 발달하면 사람은 더 행복해지는지 이야기를 나눠 보면 좋겠다.

'자연'과 함께하는 삶이 '만족'을 줘요.

가끔 뉴스를 보면 우리나라의 '자살율'이 OECD 평균보다 상당히 높다는 걸 알 수 있어요. 참 마음이 아픕니다. 우리나라는 세계에서 가장 가난한 나라에서 가장 빛나는 나라로 짧은 시간 발전했어요. 부모님들은 가난을 극복하려고 일찍 일어나 일터에 나가 일해야 했고 아이들은 좋은 대학에 가기 위해 공부를 해야 했지요. 마음을 돌볼 시간이 없었어요. 가족이 함께 저녁을 먹으며 서로의 일상과 고민을 이야기할 시간도 부족했지요. 좋은 음식을 먹고 좋은 집에 살게 되었다고 행복이 함께 따라 오는 건 아니라는 거죠.

우리는 편안한 상태를 '자연스럽다'고 말하잖아요. 인간을 행복하게 만드는 건 사람이 자연과 어울려 지내는 사이에서 오는 만족감이 아닐까요.

부모와 아이의 인사이트 확장을 위한 TIP

• 이촌향도와 탈도시화 현상을 알아보고 자신의 생각을 써 보세요.

이촌향도(離村向都)는 산업화로 인해 농촌의 인구가 도시로 이동하는 현상
이에요. 우리나라는 1960년대 이후 공업화와 도시화가 급속히 진행되면
서 서울을 중심으로 한 수도권과 부산 등 대도시 및 울산, 포항 등 공업 도
시로 인구가 집중되는 이촌향도 현상이 나타났어요.

2006년 인도 뉴델리에서는 이촌향도로 유입된 인구가 233,000명으로 출
생으로 증가한 인구보다 많았다고 해요. 도시가 발달하면 사람들은 일자
리를 찾아 떠나고 도시는 커져요. 그래서 도시의 집값은 오르고 교통 체증
도 생기죠. 농촌에는 노인들만 남게 되어 일손이 부족해져요. 젊은 사람들
이 없으니 아이도 태어나지 않아서 학교도 문을 닫게 된답니다.

그런데 요즘은 사람들이 도시를 떠나는 탈도시화 현상도 생겨나고 있어
요. 역도시화라고도 하죠. 탈도시화(脫都市化)는 도시의 인구가 도시 밖으
로 벗어나는 현상을 말해요.

여러분은 도시가 주는 '편리함'이 좋은가요? 자연이 주는 '편안함'이 좋은 가요?

_____

_____

만약 지구에서 '석유'가 한 방울도 나오지 않는다면 어떻게 될까요? 사람들은 더 행복해질까요?

_____

_____

만약 오늘 밤부터 '전기'가 끊긴다면 이 세상은 어떻게 될까요? 암흑이 되어 혼란에 빠지게 될까요?

_____

_____

세상은 어떻게 바뀌어야 한다고 생각하나요? 여러분이 생각하는 세상의 모습은 어떤가요?

_____

_____

비밀의 문 ★세계명작

지은이 에런 베커   출판사 웅진주니어   연계 교과 국어 3-1

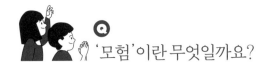

Q '모험'이란 무엇일까요?

책 속으로

잿빛 세상에서 소년과 소녀가 손에 빨강, 보라색 펜을 들고 비를 피하고 있다. 이때, 비밀의 문이 열리고 왕이 나타나 지도 한 장과 노란색 펜을 준다. 그런데 왕은 갑자기 나타난 정체 모를 군인들에게 잡혀간다. 소년과 소녀는 들고 있던 펜으로 열쇠를 그려 문을 열고 왕을 구하기 위해 모험을 떠난다.

비밀의 문 안에는 새로운 세상이 펼쳐져 있었다. 성에는 회색 연기가 피어오르고 군인들은 왕을 위협하며 배에 사람을 가득 싣고는 어딘가로 가고 있다. 소년과 소녀는 왕이 준 지도를 보며 무언가 계획을 세운다. 첫 번째 장소는 물속 세상이다. 소년의 어깨에 보라색 새가 앉아 있고 보라색 문어의 발이 보인다. 소녀가 빨강 펜으로 오리발과 산소통을 그린 후 물속으로 뛰어든다. 새, 소년, 소녀가 보라색 문어 발을 잡고 보라색 물속을 모험한다. 그리고는 황금빛이 나는 펜을 발견한다. 어디선가 나타난 군인들이 그들을 뒤쫓는다.

육지에 도착해서는 코뿔소 가마를 그려서 타고 이동한다. 이렇게 위험이 닥칠 때마다 두 친구는 마법 펜으로 그림을 그려 위기를 탈출한다. 지도의 장소를 탐험할 때마다 새로운 색깔 펜이 늘어나고 결국 무지갯빛 마법의 펜을 모두 손에 넣게 된다. 무지갯빛 세상에서 아이들은 왕을 만나고 왕은 그들에게 왕관을 선물한다.

시크릿한 책 속 비밀

글자 없이 그림만 있는 동화책이다. 그래서 아이들은 이 책을 볼 때마다 새로운 이야기를 만들어 낼 수 있고 새로운 상상을 할 수 있다.

3학년 1학기 국어 시간에 이 책에 나오는 그림 4컷을 카드로 제시하고, 아이들이 원하는 대로 그림 순서를 바꿔서 한 편의 이야기를 만들어 보는 수업이 진행된다. 아이들은 정말 모두 다 동화 작가가 되어서 기발한 이야기를 만들어 내곤 한다. 가정에서 아이와 함께 이 책을 본다면 처음에는 끝까지 그림만 살펴보면 좋겠다. 대강의 상황을 아이가 머릿속에 정리했다면 첫 페이지부터 어떤 내용이 펼쳐질지 이야기 나눠 보자. 두 번째는 뒷장부터 거꾸로 책을 읽어 봐도 좋다. 글자가 없어서 뒤에서부터 이야기를 만들어도 전혀 문제가 되지 않는다. 교과서에서도 이야기의 순서를 정해 주지 않고 그림 카드만 제시하고 있다. 세 번째는 이어질 이야기를 상상해 보면 좋겠다.

A '모험'은 '설렘'이에요.

'모험'은 일상과 동떨어진 상황에서 어떤 목적을 위해 위험을 무릅쓰고 신나는 경험을 하는 걸 말해요. 놀이동산에 가면 마음이 풍선처럼 둥실둥실 떠오르는 것 같죠? 무서운 놀이기구 앞에서는 긴장도 되지만 자꾸만 웃음이 나오기도 해요. 모험은 우리를 긴장되고 설레게 하니까요.

인생은 매일매일이 모험이에요. 내일 어떤 일이 일어날지는 모르지만 우리는 열심히 공부하고 일하고 운동하고 있잖아요. 동화 『빨강머리 앤』에서 앤의 친구 엘리자가 세상이 생각대로 되지 않는다고 푸념하자 앤이 말해요.

"생각대로 되지 않는다는 건 정말 멋진 일이야. 생각지도 못했던 일이 일어나니까."

여러분! 혹시 오늘 기분 나쁜 일이 있어서 마음이 힘들었나요? 그럼 내일은 또 내일의 해가 뜨니 잊기로 해요. 우리 인생은 내일 새로운 일이 어떻게 일어날지 모르는 모험으로 가득 차 있으니까요.

부모와 아이의 인사이트 확장을 위한 TIP

• 자! 여기 '그리면 그리는 대로 이루어지는 마법 펜'이 있어요. 어떤 그림을
  그려 볼까요?

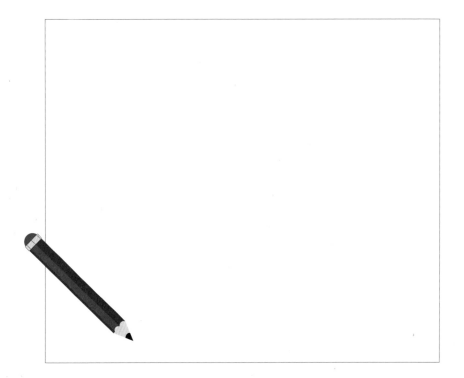

• 여러분은 어떤 '색'을 좋아하나요? 그 색연필로 무언가를 그리면 그것으로 세상을 구할 수 있어요. 어떤 물건을 그려 볼 건가요?

현직 교사가 내 아이에게
몰래 읽히고 싶은

인문 교양서 50
——중학년

만년샤쓰 ★온책읽기 권장 도서

글, 그림 방정환, 김세현   출판사 길벗어린이   연계 교과 국어 4

Q '만년샤쓰'는 무엇을 말하는 걸까요?

책 속으로

성격 좋고 쾌활한 창남이는 반에서 인기 최고 학생이다. 우스갯소리를 잘하기도 하고 다 해진 바지를 꿰매어 입고 다닐지언정 당당하다. 창남이가 진짜 가난한지는 아무도 모른다. 집이 이십 리(약 8km)나 떨어져 있어 아무도 창남이가 어디에 사는지 모르기 때문이다. 체육 시간에 군인 출신의 매서운 선생님은 윗옷을 벗고 샤쓰(러닝셔츠)만 입고 운동하라고 말씀하신다. 어쩐 일인지 창남이는 머뭇거린다. 선생님의 불호령에 샤쓰가 없어 맨몸으로 왔다며 맨몸을 보인다. 추운 날 샤쓰가 없어서 못 입고 왔다는 창남의 말에 선생님의 무섭던 눈에 눈물이 돌고 학생들의 웃음도 사라졌다. 창남이는 이후 '만년샤쓰'라는 별명을 얻게 되었다.

그다음 날 학교에 늦게 도착한 창남이는 양복저고리에 뚫어진 한복 겹바지를 입고 양말도 안 신고 맨발에 짚신을 신고 왔다. 친구들은 웃었고 선생님도 놀랐다. 알고 보니 창남이네 동네에 큰불이 났고 창남이 집도 반 이상이 탔다. 이웃 십여 채의 집이 타 버렸으니 동네 사람들은 먹지도 자지도 못하게 되었다. 눈이 먼 창남의 어머니는 입고 있는 옷 한 벌씩만 남기고 가난한 이웃에게 옷을 나눠 주자고 하였고 창남은 입고 있던 옷까지 벗어 주고 말았다. 창남이는 어머니가 옷을 모두 남에게 주시고는 추위 벌벌 떠시는 모습을 보고, 어머니께는 샤쓰를 입었다고 말씀드리고 자신의 옷을 벗어드리고 왔다.

샤쓰도 입지 않고 맨발이면서도 눈이 보이지 않은 어머니께 춥지 않다고 선의의 거짓말을 한 창남의 사연을 들은 선생님과 친구들은 모두 흐느꼈다.

시크릿한 책 속 비밀

요즘 아이들은 친구가 있는 것은 다 가져야 하고 친구들과 다른 모습에는 부끄러하는 경우가 많다. 신기한 장난감 모양의 학용품을 사고 유행하는 옷이나 신발을 신고 오는 아이들을 부러워하기도 한다. 집에서는 부모님께 그것을 사달라고 투정을 부리기도 한다. 하지만 부모가 아이의 욕구를 모두 만족시켜 줄 수는 없다. 매번 새로운 물건들이 나오고 유행하는 것들도 바뀐다.

조금 부족해도 창남이처럼 당당하고 씩씩한 친구들은 예나 지금이나 인기가 많다. 아이들은 사실 그 친구가 입은 옷이 어느 브랜드인지 얼마나 비싼 옷인지 잘 알지 못한다. 당당하고 배려심이 많은 아이라면 물질적으로 풍족하지 않아도 교실 속에서 반짝반짝 빛나는 스타가 되어 있을 것이다.

이 책은 중학년 아이들이 꼭 읽어 보면 좋겠다. 남과 나를 비교하며 자존감이 떨어지거나 멋져 보이는 걸 소유하는 것이 자신감이라 생각하는 아이들에게 창남이 같은 친구가 좋은 본보기가 되어 줄 것이다. 부모님들도 함께 읽는다면 자녀에게 부모가 해 줄 수 있는 것이 물질적인 것인지 정신적인 단단함인지를 판단하는 데 도움이 될 것이다.

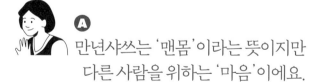

A 만년샤쓰는 '맨몸'이라는 뜻이지만
다른 사람을 위하는 '마음'이에요.

창남이는 가난해서 셔츠를 살 돈도 없었고, 사실 셔츠가 있었지만 불에 타서 입을 옷이 없는 이웃을 위해 옷을 벗어 주고 추위에 떨고 계신 어머님께 입혀 드리고 와서 윗도리 안이 맨몸이었지요.

부모와 아이의 인사이트 확장을 위한 TIP

• 이 책에 이어질 이야기를 상상해 볼까요? 그 이후 창남이는 어떻게 되었을지 생각을 점프 업 해 보세요.

_____

_____

_____

_____

_____

• 이 글을 쓰신 '방정환' 선생님을 알고 있나요?

방정환 선생님은 '어린이날'을 만드신 분이에요. 일본에 나라를 빼앗겼던 일제 강점기에 불쌍하고 학대받던 조선의 어린이를 위해 어린이날을 만든 것이지요.

「어린이」라는 잡지를 발행하고 우리나라 최초의 어린이 문제 연구 단체인 '색동회'를 만드셨어요. 1919년 3·1 독립운동 이후 고통받는 어린이를 생각하며 동요, 동화, 동화극, 아동 자유화, 세계 아동 예술 전람회 등 우리나라 어린이 문학과 어린이 예술 방면에 지대한 영향을 끼친 분이랍니다.

소파 방정환 선생님

걱정 세탁소 ★3, 4학년 온책읽기 추천 도서

글, 그림 홍민정, 김도아   출판사 좋은책어린이   연계 교과 국어 3, 4

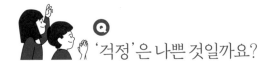

'걱정'은 나쁜 것일까요?

책 속으로

　　개학 전날 재은이는 꼬리에 꼬리를 무는 걱정으로 잠을 자기가 어려웠다. 그래도 등교 전 지금은 병상에 누워 계시지만 자신을 키워 주셨던 할머니가 계신 방을 빼꼼히 열어 보고는 안심했다. 할머니께서 구급차를 타고 병원에 가실 때만 해도 다시는 할머니를 못 뵐 줄 알았는데 할머니의 주무시는 모습을 보니 걱정이 사라졌다.

　　그런데 진단평가를 본다는 선생님 말씀에 또다시 재은이의 걱정이 시작되었다. 터덜터덜 집에 오는 길에 우연히 걱정을 세탁해 준다는 '걱정 세탁소'를 발견하고는 그 안으로 들어가 봤다. VR 기계에는 세탁 시간 동안 걱정이 사라진다는 설명이 쓰여 있었다. 걱정인형인 재은이에게 잠시라도 걱정을 잊을 수 있는 기계라니…. 고민 끝에 재은이는 고글을 쓰고는 '1시간', '12시간', '30일'이라고 적힌 버튼 중 1시간 버튼을 선택했다. 화면이 세탁기 안쪽 모습을 보이더니 사방에서 물이 쏟아져 나오고 정말 1시간 동안 재은이의 고민은 사라졌다. 신기한 경험을 한 재은이는 그다음 날은 12시간 버튼을 누른다. 평소와 달리 천하태평인 재은이는 모둠 회의도 대충하고 떡볶이 먹을 생각만 한다. 친구들은 재은이를 모둠에서 내보내지만 재은이는 걱정 없이 교실을 빠져나간다. 12시간이 지난 뒤 쌓아 두었던 숙제, 시험, 온갖 걱정이 물밀듯 밀려온다. 재은이는 걱정 세탁소에서 30일 버튼을 눌러 걱정을 잊었지만 친구들은 재은이로 인해 걱정 가득이다.

　　어느 날 재은이는 할머니가 응급차를 타고 병원에 가시게 되자 걱정이 필요한 순간이 지금이란 걸 깨닫고는 한번 누르면 다시는 걱정 세탁기를 사용할 수 없는 비상 버튼인 'STOP(정지)' 버튼을 누른다.

시크릿한 책 속 비밀

'걱정'이라는 말은 '안심이 되지 않아 속을 태운다'는 뜻이다. 우리는 실제 일어나지도 않을 일에 걱정에 걱정을 하면서 많은 시간을 보낸다. 특히 해야 할 일이 많은 요즘 아이들은 걱정이 한가득이고 불안도 또한 높다. 지나친 낙관보다는 약간의 걱정이 아이들의 학교생활을 잘 유지시켜 주고, 긴장도가 있어야 바른 자세로 수업을 하는 건 사실이다. 하지만 어린아이들이 걱정을 달고 사는 모습을 보면 아이들의 마음에 '걱정 세탁소'가 하나씩 들어 있어 걱정을 세탁해 줬으면 하는 마음이 들 때가 있다.

시험 성적, 교우 관계, 학업 등으로 걱정이 많은 친구들은 나와 비슷한 또래 친구 재은이의 걱정 이야기를 읽으면서 충분히 위로받을 수 있을 것이다.

Ⓐ '걱정'은 삶을 '발전'시켜요.

걱정 없이 천하태평인 성격도 있고 작은 일에 걱정을 태산같이 하는 사람도 있어요. 매사 천하태평인 사람은 미래를 잘 대비하지 않아 '베짱이'처럼 생활하기도 해요. 여름에 아직 한참 남은 겨울을 대비해 열심히 식량을 모으는 '개미들'은 추운 겨울에 대한 걱정으로 식량을 모아놓지만 여름 날을 즐기지 못하기도 해요. 뭐든 극단적인 건 문제가 있지만 그래도 결국 겨울이 되어 행복한 사람은 '개미'였지요.

걱정이 많은 사람은 조심성이 있고 다음에 벌어질 일을 미리 준비할 수 있어요. 그럼 점점 더 자신의 삶이 발전되기도 하죠. 알라딘이 램프에서 '지니'를 부르듯이 걱정이 계속 걱정을 부르는 '램프 중후군'만 아니라면 걱정하는 걸 심하게 경계할 필요는 없겠죠.

부모와 아이의 인사이트 확장을 위한 TIP

- '걱정인형(Worry Doll)'을 소개합니다. 걱정인형에게 하고 싶은 말을 해 보
면서 생각을 점프 업 해 보세요.
  과테말라 고산 지대에 살던 인디언들은 걱정이 많아 잠을 못 이루는 어린
  이들에게 걱정인형을 쥐어 주었어요. 걱정인형을 베개 밑에 두고 자면 자
  는 동안 걱정인형이 걱정을 다 가져갈 것이라고 생각했기 때문이죠.
  선생님이 여러분께 걱정인형을 선물할게요. 오늘부터 여러분의 걱정은 이
  인형이 다 가지고 갈 거예요. 편안한 날 되세요.

• 여기 '걱정 세탁기'가 있습니다. 여러분, 걱정이 있다면 이곳에 담아 세탁해 보세요.

나쁜 어린이 표 ★온책읽기 추천 도서

글, 그림 황선미, 이형진   출판사 이마주   연계 교과 국어 3, 4

Q 나쁜 어린이와 착한 어린이로
아이들을 나누는 사람들의 행태를 어떻게 생각하나요?

책 속으로

건우는 초등학교에 다니는 평범한 3학년 학생이다. 건우네 반 선생님은 아이들이 착한 일을 하면 '착한 어린이 표'를 나쁜 일을 하면 '나쁜 어린이 표'를 주신다. 나쁜 어린이 표를 3장 받으면 5시까지 남아서 청소, 수학 문제 풀기, 화장실 청소하기 같은 벌도 내리신다.

건우는 겨우 2표 차로 반장 선거에서 떨어지던 날에 '나쁜 어린이 표'를 받았다. 스스로 나쁜 어린이라고 생각하지 않지만 자꾸만 일이 꼬여버린다. 나쁜 일을 해도 자기에게만 나쁜 어린이 표를 주는 선생님이 미워서 선생님께 '나쁜 선생님 표'를 준다. 아무리 잘해 보려고 발버둥쳐도 이미 '나쁜 어린이'가 된 건우에게는 나쁜 어린이 표만 쌓이게 된다.

건우는 어느 날 선생님 책상에서 나쁜 어린이를 나타내는 노란 스티커를 발견하고 분노에 쌓여 스티커를 갈기갈기 찢어 변기에 흘려보내고 운다. 선생님과 친구들은 건우가 화장실에 숨은 줄도 모르고 찾느라 난리가 났고 선생님이 겨우 건우를 찾는다. 아무도 없는 교실에서 건우는 선생님께 여태까지 있었던 일들을 이야기한다. 선생님은 건우 수첩에서 '나쁜 선생님 표'를 보고 그동안 나쁜 어린이 표가 나쁜 어린이를 만든 건 아니었는지 생각하게 되고 선생님은 건우를 용서한다. 그리고 건우네 교실에는 나쁜 어린이 표가 사라지게 된다.

시크릿한 책 속 비밀

내 아이가 학교에서 부당한 일을 당한다면 엄마인 우리는 어떻게 해야 할까?

이 책에서 나쁜 어린이 표는 선생님이 반 아이들이 착한 어린이가 되길 바라는 마음에서 시작한 보상 제도이다. 하지만 나쁜 어린이 표를 많이 받은 아이는 불만이 쌓이고 취지가 무색하게도 선생님을 미워하게 된다. 그럼 선생님은 나쁜 어린이 표를 주면 행복하실까? 이 이야기는 철저하게 건우의 시점에서 쓰여진 이야기다. 선생님 입장에서 쓰여진 이야기가 나온다면 또 다른 상황으로 "선생님이 그럴 만하셨네"라고 생각할 수도 있을 것이다.

이 책을 읽으며 아이의 학교생활을 '나쁘거나 착하거나' 이분법적으로 접근하지 말고 자세히 들여다보는 시간을 가졌으면 좋겠다. 내 아이는 학교생활 중 어떤 점이 좋고 어떤 점이 부족한지, 또 어떤 점에 불만이 있는지 등 아이의 시선에서 이야기 나눠 본다면 아이의 학교생활이 좀 더 행복해질 것이다.

A 어린이는 오늘도 '성장'하고 있으니 '성장 어린이표'는 어떨까요?

선생님 입장에서도 이야기를 해 줄게요. 친구들끼리 다툼이나 오해가 생길 때가 있고 그럴 때 선생님은 옳고 그름을 이야기해 주죠. 그럼 아이들은 각자 선생님이 상대방 친구를 자신보다 더 좋아한다고 오해하기도 해요. 선생님을 믿고 신뢰해 주면 어떨까요? 그러다 선생님이 정말 부당한 일을 하신다면 말씀드려 보고 부모님과도 의논해 보면 어떨까요? 선생님 입장에서는 교실에 수많은 좋은 어린이 표와 나쁜 어린이 표 친구들 사이에서 "너는 착한 어린이야, 너는 나쁜 어린이야"라고 낙인찍지 않아요. 그리고 아이들 또한 한 방향으로만 자라지 않죠. 아이들은 끊임없이 성장하고 있으니 오늘 나쁜 행동을 했다고 내일 또 나쁜 행동을 하지는 않을 거라고 생각해요. 잘 몰라서 나쁜 행동을 했다면 그걸 알려 주는 게 선생님의 일이니까요.

부모와 아이의 인사이트 확장을 위한 TIP

- 내가 선생님이라면 우리 반 아이들에게 어떤 스티커를 만들어 주고 싶나요? 동그라미에 예시처럼 글씨를 쓰거나 그림을 그려서 스티커를 만들어 보아요.

성장 어린이표

- 학교에서 보상으로 주는 스티커 제도를 어떻게 생각하나요? 스티커 제도가 필요한가요? 빈칸에 자신의 생각을 써 보세요.

스티커 제도는

_____

_____ 이라고 생각합니다.

왜냐하면

_____

_____ 때문입니다.

• 건우에게 '나쁜 선생님 표'를 받은 선생님의 마음은 어떨까요? 선생님의
  마음을 생각하며 생각을 점프 업 해 보세요.

_____

_____

_____

• 내가 나쁜 어린이 표 2탄을 쓴다면? 이어질 이야기를 써 보세요. 선생님과
  건우는 어떻게 되었을까요? 건우는 새로운 학년에는 더 좋은 학생이 되었
  을까요?

_____

_____

_____

_____

_____

_____

_____

_____

만복이네 떡집 ★교과서 수록 도서

글, 그림 김리리, 이승현   출판사 비룡소   연계 교과 국어 3

Q '소원'을 이뤄 주는 떡집이 있어요.
그 떡집에서 어떤 떡을 사고 싶은가요?

책 속으로

만복이는 부잣집 외동아들로 부모님과 할아버지, 할머니, 이모, 삼촌의 사랑을 듬뿍받고 있다. 게다가 키도 크고 얼굴도 잘생기고 공부도 잘한다. 하지만 왜 그러는지 항상 나쁜 말을 해서 친구들은 만복이를 '잘난척쟁이'라며 싫어하고 선생님께서도 매번 꾸중을 하신다. 그런 만복이 앞에 '만복이네 떡집'이 나타났다. 들어가 보니 이상한 가격표가 붙어 있다. 입이 척 달라붙어 말을 못하게 되는 찹쌀떡은 착한 일 한 개, 허파에 바람이 들어 웃게 되는 바람떡은 착한 일 두 개, 달콤한 말이 술술 나오는 꿀떡은 아이들 웃음 아홉 개 등으로 말이다.

만복이는 그동안 자신이 한 착한 일을 곰곰이 생각해 보았다. 억지로 착한 일을 쥐어짜 보니 친구에게 준비물을 나눠 준 일이 생각났다. 만복이는 기뻐하며 찹쌀떡을 집어 먹고 입이 척 달라붙어 친구들과 한 번도 안 싸운 첫날을 맞는다. 다른 떡도 먹으려고 친구들에게 준비물도 빌려주고 착한 일을 해 나가며 부모님 말씀도 잘 듣고 친구들과도 친하게 지내게 된다. 다른 사람의 생각이 쑥덕쑥덕 들리는 쑥떡을 먹고 난 후에는 친구들의 속마음을 알게 되고 자신과 싸웠던 앙숙 장군이도 이해하게 된다.

어느 날 집에 가는 길에 보니 '만복이네 떡집'이 '장군이네 떡집'으로 바뀌어 있는 게 아닌가! 이제 장군이가 떡을 먹을 차례가 되었다.

어른도 내 마음을 어쩌지 못할 때가 있다. 모두 처음 사는 인생이니 시행착오를 겪는 건 당연하다. 그래서 내게 부족한 부분을 '마음의 양식'이라는 '독서'로 얻기도 하고 필요하면 '상담'으로 마음의 평화와 위안을 얻기도 한다.

아이들은 어떨까? 본능대로 행동했는데 잘못했다고 지적받거나 어떤 상황에서 어떤 행동을 하는 것이 바른 행동인지 명확하게 판단하지 못할 때 정말 답답할 것이다.

아이들 마음 속에 'ㅇㅇ이네 떡집'이 하나씩 자리 잡았으면 좋겠다. 내가 어려워서 잘 해결하지 못하는 인생의 문제들을 상황에 딱 맞는 떡을 먹으면서 잘 풀 수 있을 테니 말이다. 아이에게 지금 어떤 떡이 필요한지 묻고 답하다 보면 아이의 고민도 알 수 있고 마음속을 들여다볼 수 있는 기회도 될 것이다.

이 책은 부모와 아이 모두에게 힐링이 될 것이다.

A 공부를 잘하게 되는 '찹쌀떡'은 어떨까요?

소원을 이뤄 주는 떡집이라니 생각만 해도 미소가 지어지네요. 여러분은 어떤 고민이 있나요? 떡만 먹으면 고민이 사라진다니 신기할 뿐입니다. 그런데 여러분 생각해 볼까요? 부모님께서 평상시에 하시는 말씀을 곰곰이 생각해 보세요. 어떤 '떡'보다 그 말씀이 '소원'을 이뤄 주는 열쇠가 되어 주진 않을까요?

부모와 아이의 인사이트 확장을 위한 TIP

• 내 이름의 떡집입니다. 먹고 싶은 떡 이름을 쓰고 가격을 정해 보세요.

왼쪽 페이지에 다양한 떡 이름을 써 보았는데요. 그 떡을 먹으면 어떤 효과가 있을까요?

_____

_____

_____

_____

_____

가족이나 친구 중에 떡이 필요한 사람이 있나요? 어떤 떡을 주고 싶고 왜 그렇게 생각했는지 써 보세요.

_____

_____

_____

_____

_____

엄마 사용법 ★제16회 창비 '좋은 어린이책' 저학년 부문 대상

글, 그림 김성진, 김중석   출판사 창비   연계 교과 국어 3, 4

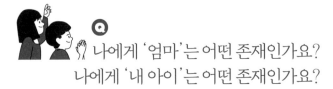

나에게 '엄마'는 어떤 존재인가요?
나에게 '내 아이'는 어떤 존재인가요?

책 속으로

엄마가 없는 일곱 살 현수는 아빠를 졸라 조립해 사용하는 생명 장난감 '엄마'를 산다. 생명 장난감 엄마를 조립해 놨더니 엄마는 현수에게는 별 관심이 없고 집안일만 한다. 제품 안에 있던 '엄마 사용법'도 전혀 도움이 되지 않는다. 현수는 할아버지의 도움을 받아 엄마에게 자기가 좋아하는 것을 먼저 해 보이면서 엄마를 '진짜 엄마'로 만들어 간다. 엄마는 현수의 등하굣길을 돌보고 책을 읽어 주고 산책도 함께하며 성장한다. 엄마는 현수의 마음을 열심히 배우고 있었다.

그러나 행복도 잠시, 장난감 회사의 파란 사냥꾼들이 엄마를 잡으러 온다. 장난감에 감정이 생기면 안 되는데 '엄마' 장난감에 감정이 생겼으니 폐기 처분해야 한다는 것이다. 현수는 엄마를 빼앗기지 않으려고 엄마와의 이별을 감수하고 엄마는 아빠와 먼 곳으로 도망친다.

슬픔에 잠긴 현수 앞에 새로운 모습의 엄마가 나타난다. 보통의 장난감과는 달리 아이를 잘 아는 엄마를 보고 사냥꾼들이 진짜 엄마라고 생각해 놓아준 것이다. 현수는 진짜 엄마와 새로운 생활을 시작하게 된다.

시크릿한 책 속 비밀

초등 교과서에는 '엄마'를 소재로 다루는 제재가 많이 등장한다. 아이들에게 엄마는 가장 가까운 친구이자 가장 사랑하는 사람이기 때문이다. 그러나 한 부모, 다문화, 조손 가정이 많아지면서 가족에 대해 이야기를 나눌 때 '엄마' 이야기를 꺼내는 것이 쉽지는 않다. 하지만 누구든 마음 속에 '엄마'라는 단어가 주는 아련함이 나이를 불문하고 있을 것이다.

이 책은 아이가 엄마를 조립해서 엄마를 만든다는 역발상을 가능하게 해 신선하다. 아이가 엄마를 만들고 어린아이처럼 엄마의 역할을 가르치며 엄마가 정말 '엄마'가 될 수 있도록 돕는다. 이 또한 아이들의 흥미를 자극하는 부분이다.

우리 부모는 원죄 의식처럼 '늘 아이에게 미안'한 감정을 품고 살아간다. 아이와 이 책을 읽는다면, 엄마도 세상에 처음인 것이 있고 모르는 것도 있으며 엄마도 똑같이 감정을 가진 사람이라는 걸 아이가 스며들듯 알게 될 것이다.

 Ⓐ 부모와 자식은 '또 다른 나'예요.

부모와 자식은 뗄레야 뗄 수 없는 분신 같은 사이다. 엄마는 열 달 동안 정성으로 아이를 품고 모든 생명을 넣어 아이를 낳았다. 어린아이에게 '엄마'는 우주이고 세상의 전부이다. 아이들이 커 가며 정체성을 찾고 스스로 할 수 있는 일이 많아지면서 '엄마'와 '부모'의 역할이 줄어들기도 하지만 엄마는 항상 아이들의 '판단자'이고 든든하게 기댈 수 있는 '버팀목'이다.

• 내가 생각하는 완벽한 '엄마'를 상상해서 '엄마'를 소개해 보고 엄마의 모습을 그려 보세요.

이름: _____

외모: _____

나이: _____

혈액형: _____

성격: _____

특기: _____

• 나만의 '엄마 사용법'을 만들어 보세요.

①엄마를 화나게 하는 법:

_____

_____

_____

②엄마를 기쁘게 하는 법:

_____

_____

_____

③엄마를 행복하게 하는 법:

_____

_____

_____

내 동생 싸게 팔아요 ★행복한아침독서 추천 도서

글, 그림 임정자, 김영수   출판사 미래엔아이세움   연계 교과 국어 3

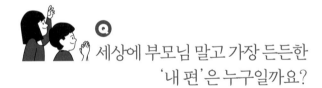 세상에 부모님 말고 가장 든든한
'내 편'은 누구일까요?

책 속으로

짱짱이는 얄미운 동생을 팔러 시장에 간다. 나한테는 얄밉게 대들고 나쁜 말도 하면서 부모님 앞에선 이쁜 척만 하는 동생을 얼른 팔아 버리고 싶다. 자전거에 동생을 싣고 시장에 가는 길, 어디 가냐고 묻는 장난감 가게 언니, 꽃집 할아버지, 빵집 아줌마에게 동생이 얼마나 자기 속을 많이 썩이는지 이르자 아무도 동생을 사지 않는다. 동생은 얼마나 능청스러운지 악을 쓰지도 않고 장난을 치지도 않고 얌전하다. 이런 동생의 모습에 짱짱이는 더 약이 오른다.

친구 순이한테 동생을 팔려고 하다가 이제 거저 주겠다고 한다. 하지만 순이는 거저 줘도 싫다고 한다. 어떻게든 동생을 팔고 싶어서 짱짱이는 순이가 혹할 만한 동생의 장점을 찾기 시작한다. 내 동생은 심부름도 잘하고 공주 놀이할 때는 하인 역할도 잘한다. 곰곰이 생각해 보니 동생은 거저 주긴 아까울 만큼 가치가 있다. 이제 동생을 팔고 싶지 않다. 동생의 자랑을 들은 순이도 마을 사람들도 너도 나도 동생을 사겠다고 하지만 짱짱이는 이제 동생을 팔지 않고 싶다.

다시 자전거에 동생을 태우고 시장을 빠져 나오는 짱짱이. 그런데 이게 웬일인가? 얌전히 짱짱이를 따라다니던 동생이 오락을 하겠다고 떼를 부리고 집 앞에서는 짱짱이 머리카락까지 잡아당긴다. 짱짱이는 동생을 싸게 팔아 버리지 않은 것을 후회했고 동생은 다시 장난꾸러기가 되었다.

남매, 자매, 형제는 대체 어떤 관계일까?

세상 제일 좋은 친구였다가 세상 제일 미운 상대였다가 사랑스러웠다가 팔고 싶을 정도로 미워지기도 한다. 아이들이 싸우면 부모는 그 사이에서 괴롭기만 하다. 내가 낳은 자식들이 싸우는 것만큼 속상한 일이 없다.

이 책은 동생을 팔려고 길을 나섰다가 동생의 소중함을 알아 버린 짱짱이의 이야기를 통해 내 형제의 좋은 점을 다시 한번 생각하게 해 준다. 부모가 "형제끼리 싸우지 말아라!" 하고 백번 말하는 것보다 이 책을 슬쩍 건네준다면 형제간에 우애 있게 지내게 하는데 더 큰 효과를 볼지도 모르겠다.

Ⓐ '형제'는 언제나 내 편이에요.

부모님 말고 나를 지켜 주는 가장 든든한 사람은 바로 내 '형제'예요. 물론 친한 친구도 소중하지만 형제는 조금 더 특별한 사이죠. 내가 가장 사랑하는 부모님이 가장 사랑하는 사람이 나와 내 형제이니 서로 소중하게 여기면 부모님도 행복하실 거예요.

평상시에는 밉기도 하고 싸우기도 하는 존재지만 내가 어려움에 처했을 때 나를 도와줄 수 있는 사람은 내 '형제'이지요. 또 부모님의 생신에 선물을 같이 사기도 하고 부모님이 아프셨을 때 함께 도울 수 있는 사람도 내 '형제'뿐이랍니다.

부모와 아이의 인사이트 확장을 위한 TIP

- "우리 형은 힘이 세요. 내 동생은 재미있는 말을 잘해요." 예문처럼 내 형
  제의 장점은 무엇이 있을까요? 만약 외동이라면 어떤 장점을 가진 형제가
  있으면 좋겠는지 써 보세요.

_____

_____

_____

_____

- 형제의 입장이 되어 '나'(내가 가진 나쁜 점)에 대한 불만을 부모님께 솔직히
  이야기해 보세요.

_____

_____

_____

_____

- "내 언니를 싸게 팔아요! 사 가세요!" 예문처럼 내 형제나 자매, 남매를 파는 전단지를 만들어 보세요. 외동이라면 나의 친구를 팔아 보세요. (장점을 써 보면 형제의 소중함에 대해 생각을 점프 업 하는 시간이 될 거예요.)

얼굴 모습
그림으로 그려 보세요.

가격:

팔고 싶은 이유:

장점:

①

②

③

④

⑤

사용 시 주의할 점 :

발레 하는 할아버지 ★제34회 샘터상 동화 부문 수상작

글, 그림 신원미, 박연경 출판사 머스트비 연계 교과 국어 3

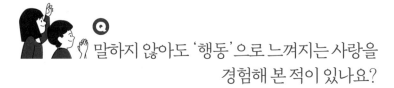

Q 말하지 않아도 '행동'으로 느껴지는 사랑을
경험해 본 적이 있나요?

책 속으로

 나는 아빠가 돌아가시고 할아버지와 함께 살게 되었는데 주민 센터로 발레를 배우러 갈 때 할아버지가 데려다 주신다. 발레 가는 길 내내 할아버지는 발레인지 빨래인지 춤은 여자들이나 추는 거라며 잔소리를 하신다. 거울 속 내 모습은 멋지기만 한데 할아버지는 왜 그러시는지 모르겠다. 엄마를 조르고 졸라 발레를 배우게 됐지만 할아버지와 함께 다닌다는 조건으로 어렵게 받아 낸 허락이라 할아버지가 밉고 창피해도 꾹 참고 다녀야 한다. 그래서 나는 할아버지께 퉁명스럽게 말하고 불만스럽게 할아버지를 대한다.

 그러던 어느 날 발레 교실 밖에서 우리가 수업하며 내는 소리보다 한 박자 늦게 '콩콩' 하는 소리가 들린다. 복도 창문으로 민머리가 왔다 갔다 하는 모습도 보인다. 설마 우리 할아버지? 그때 선생님이 할아버지 손을 잡고 교실로 들어 오셨다. 평상시 우리 할아버지와 뭔가 다르다. 할아버지는 교실로 들어오셔서는 부끄러워하지도 않고 발레를 하시는 거다. 여자들만 하는 춤이라면서 내게 핀잔을 주실 때는 언제고 할아버지는 왜 발레를 하시는 걸까? 할아버지는 나중에 내게 발레를 알려 주시려고 몸으로 발레 동작을 찍고 있는 거라고 하셨다. 그 말을 듣고 집으로 돌아가는 길, 나는 이제 할아버지의 손을 꼭 잡는 손자가 되었다.

시크릿한 책 속 비밀

맞벌이 부모를 대신해 조부모님이 손자를 돌봐 주시거나 이혼으로 조부모님이 아이를 키우는 조손 가정이 늘고 있다. 무한 사랑을 주시는 조부모님이지만 세대 간의 갈등도 존재하기 마련이다.

이 동화는 세대 간의 사랑을 '발레'라는 아름다운 춤과 연결지어 감동적으로 그리고 있다. 할아버지와 손자가 서로를 이해하면서 꼭 쥔 손이 말하지 않아도 두 사람 사이 사랑의 깊이를 전해 준다.

아이들은 『발레 하는 할아버지』를 통해 조부모님이 자신을 얼마나 사랑하는지 되새기며 진한 감동을 느낄 것이다. 젊은 엄마들처럼 휴대폰으로 아이들의 멋진 모습을 담을 수는 없지만 몸으로 발레 동작을 익히려는 할아버지의 서툰 몸짓이 어른들에게도 깊은 울림을 준다.

날 언제나 사랑스러운 눈빛으로 봐 주는 '가족'에게서요.

말하지 않아도 전해지는 사랑을 느껴 본 적이 있을 거예요. 할아버지, 할머니께서 아픈 나를 위해 내 이마에 물수건을 얹어 주실 때, 나보다 더 마음 아파하며 밤새 간호해 주실 때, 맛있는 음식을 내게 먼저 양보해 주실 때, 비 오는 날 한쪽 어깨가 다 젖는 줄도 모르고 내게 우산을 기울여 주실 때…. 정말 많아서 다 쓸 수 없을 정도지요. 가끔 잔소리를 하시지만 할아버지, 할머니도 우리를 정말 사랑하신다는 걸 알고 있죠? 표현법이 지금 우리가 사용하는 것과 조금 다르고 낯설지만 '사랑'의 깊이는 바다보다 더 깊답니다.

부모와 아이의 인사이트 확장을 위한 TIP

• 함께 보면 좋을 영화를 소개합니다.
「빌리 엘리어트(Billy Elliot)」
빌리 엘리어트는 외롭고 그늘진 영국의 탄광촌에 살고 있어요. 누구보다
'발레'에 재능을 가진 소년이지만 주위에서 인정받지 못해요. 가난한 소년
과 '발레'는 어울리지 않았으니까요. 하지만 빌리가 발레에 보이는 열정과
그의 재능을 보면서 우리 아이들은 '할 수 있다'는 마음에 감동을 받을 거
예요. 점차 아버지께 인정받는 빌리를 보면서 눈물을 흘릴지도 몰라요.
세상에서 가장 사랑하는 가족에게 '인정'을 받는다는 '행복'이 얼마나 큰
건지, 가족끼리 서로를 칭찬하고 서로를 격려해 주는 힘이 얼마나 큰지를
아이가 알게 된다면 '가족의 소중함', '용기와 위로'도 동시에 받게 될 거
예요.

• 『발레 하는 할아버지』를 보니 할아버지, 할머니가 보고 싶지는 않은가요?
사랑하는 할아버지, 할머니께 사랑의 마음을 듬뿍 담은 편지를 써 보아요.
(혹시 할아버지, 할머니가 하늘나라에 계시다면 하늘나라에 편지를 써 보아도 좋
아요.)

사랑하는 (   )께
_____

안녕하세요, 저는 (   )예요.
_____

_____

_____

_____

_____

_____

_____

_____

_____

                              손주 (   ) 올림
_____

아낌없이 주는 나무 ★온책읽기 추천 도서

글, 그림 쉘 실버스타인 출판사 시공주니어 연계 교과 국어 2

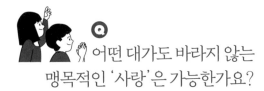 어떤 대가도 바라지 않는
맹목적인 '사랑'은 가능한가요?

책 속으로

> 옛날에 사과나무 한 그루가 소년을 사랑했다. 소년은 나무를 타고 오르기도 하고 나무에 매달려 놀기도 하며 나무와 함께 행복한 시간을 보낸다. 그러다 피곤하면 나무 그늘에서 까무룩 잠을 자기도 한다. 세월이 흘러 소년은 돈이 필요해졌고 사과를 따서 가져가 판다. 그 후 세월이 지나 소년은 나뭇가지를 베어 집을 짓는다. 또 몇 년이 지나 소년은 나무줄기를 베어 배를 만들고는 멀리 떠난다.
>
> 아주 오랜 세월이 흐른 뒤 소년은 늙은 노인의 모습으로 나무를 찾아온다. 나무는 쉴 곳이 필요하다는 노인이 된 소년을 위해 굽은 몸뚱이를 펴서 밑동을 내놓는다. 소년은 나무 밑동에 앉아 쉬고 모든 것을 아낌없이 내어 준 나무는 행복했다.

시크릿한 책 속 비밀

> 『아낌없이 주는 나무』(원제: The Giving Tree)는 1964년 미국에서 출간된 이후 꾸준히 전 세계 사람들의 사랑을 받고 있다. 나라마다 문화는 다르지만 전 세계인의 '사랑'에 대한 정서는 비슷하기 때문일 것이다. 어른이나 아이나 우리는 누구나 무조건적인 사랑 속에서 안정감과 행복을 느낀다. 인간이 인간을 키워 내는 일은 참 고된 일인데 부모는 무조건적인 사랑으로 그 고된 일을 행복하게 해 나간다. 그래서 인류는 여전히 지구에서 생존하는 것이 아닌가 하는 생각이 든다.

아이와 함께 이 동화를 읽으면서 '사랑'에 대해 이야기해 보고 감동을 나눠 보는 시간을 가졌으면 좋겠다. 바쁜 부모와의 대화 부족, 무분별한 미디어 노출로 '사랑'에 목마른 아이들에게 나무가 주는 무조건적인 사랑의 모습이 바로 부모가 주는 사랑과 비슷한 것임을 스스로 생각해 보는 시간을 주면 좋겠다. 그리고 부모인 우리들은 아이를 묵묵히 지켜봐 주고 지지해 주는 한결같은 나무의 모습을 닮아 갔으면 좋겠다.

Ⓐ '부모님'이 내게 주시는 사랑이지요.

여러분이 부모님으로부터 받는 사랑이 바로 맹목적이고 무조건적인 사랑이에요. 부모님은 여러분께 어떠한 대가도 바라지 않고 사랑을 주시니까요. 아이가 태어나면 부모라는 큰 나무에 기대어 성장해요. 부모는 아이를 위해 잠을 줄이고 젖을 주며 우는 아이를 어르고 달래죠. 나무의 모습과 크게 다르지 않아요. 여러분을 뒷바라지 하려고 부모님은 열심히 일하신답니다. 여러분이 결혼해서 아이를 낳아도 부모님은 여러분을 챙기고 무한한 사랑을 주실 거예요. 부모님이 90살이 되고 여러분이 60살이 되어도 부모님은 늙은 본인의 몸보다 늙은 자식의 건강을 더 챙기실지도 몰라요.

나무의 모습을 보고 감동을 받았나요? 모든 것을 내어 주고 밑동만 남았어도 나무는 행복해하잖아요. 부모님도 여러분이 건강하기만 하다면 모든 것을 내어 주셔도 행복하실 겁니다.

2학년 교과서에 실려 있지만 깊이 있는 사랑에 대한 이야기라 3, 4학년 친구들과 같이 읽으려고 중학년 도서로 넣었답니다. 우리 친구들, 깊은 사랑의 의미 잘 이해했겠지요?

부모와 아이의 인사이트 확장을 위한 TIP

• 『아낌없이 주는 나무』를 읽고 물음에 답해 보며 생각을 점프 업 해 볼까요?
나무처럼 누군가에게 아낌없이 무언가를 내어 준 적이 있나요? 누구에게
무엇을 주었나요?

_____

_____

만약 누군가에게 아낌없이 주어야 한다면 누구에게 무엇을 주고 싶나요?

_____

_____

나무에게 하고 싶은 말이 있나요?

_____

_____

소년에게 하고 싶은 말이 있나요?

_____

_____

• 『아낌없이 주는 나무』를 원서로 읽고 싶은 친구들은 여기로 오세요.

나는 3학년 2반 7번 애벌레 ★제20회 창비 좋은 어린이책 원고 공모 대상

글, 그림 김원아, 이주희   출판사 창비   연계 교과 과학 3-1

'생명'은 무엇인가요?

책 속으로

3학년 2반 '배추흰나비의 한살이' 관찰 상자에 일곱 번째 애벌레가 태어났다. '7번 애벌레'는 인간을 경계하고 나비가 되는 것에만 온 힘을 집중하는 애벌레들과 달리 인간과 세상에 대한 호기심이 많다. 살기 위해 배춧잎을 먹기만 하지 않고 배춧잎으로 신기한 무늬를 만들기도 한다. 아이들은 남다른 7번 애벌레에게 '무늬 애벌레'라는 새로운 이름을 지어 준다. 호기심 많은 아이가 7번 애벌레를 만지려 해서 큰일이 날 뻔한 적도 있었지만 보통의 관찰 상자 안은 평화로웠다.

그러던 어느 날 관찰 상자에 농약이 묻은 배춧잎이 들어와 3학년 2반 애벌레들은 위기에 처한다. 애벌레들은 먹고 죽거나 굶어 죽는 걸 기다릴 수만은 없다며 반 아이들에게 간절한 요청을 보낸다. 바로 'X'자 무늬를 만들어 아이들에게 이 배춧잎은 위험하다고 알리는 것이었다. 결국 작지만 용감한 애벌레는 아이들의 도움으로 건강하게 나비가 되어 하늘로 날아간다.

시크릿한 책 속 비밀

매해 3학년 교사들은 학습 준비물을 신청할 때 배추흰나비 관찰 상자를 잊지 않고 준비해 놓는다. 미리 준비하지 않으면 알부터 나비가 될 때까지의 한살이를 관찰하는 게 어렵기 때문이다. 3학년 1학기 과학의 '생명' 부분은 '배추흰나비의 한살이'를 몇 차시에 걸쳐 다룬다. 배추흰나비 알이 붙어 있는 케일 화분을 관찰 상자에 넣어 준다. 아이들은 매일 알이 애벌레가 되고 번데기가 되었다가 나비가 되는 걸 지켜보며 관찰 일지를 쓴다.

애벌레가 나비가 되어 날아가는 날은 모두 시인이 되어 시를 쓰기도 한다. 아이들은 배추흰나비의 한살이를 기록하고 지켜보며 신비한 생명의 세계에 가슴 벅찬 감동을 받기도 하고, 나비를 날려 보낼 때는 아쉬움과 대견함까지 느낀다.

아이들이 쓰는 관찰 일지는 아이들이 보는 입장인데 이 책은 애벌레의 입장에서 쓰여졌다. 그래서 신선하다. 비틀어 보기는 아이들의 사고를 확장시킨다. 애벌레의 입장에서 생각해 보면 과학 지식도 '쏙쏙!' 창의력도 '쑥쑥!' 신장될 것이다.

A '생명'은 '사랑'의 다른 말은 아닐까요?

생명은 '생물들이 가진 특성으로 생물이 살아서 숨 쉬고 활동할 수 있게 하는 힘'을 말하지요. 그럼 여러분이 생각하는 생명은 무엇인가요? 선생님 아들이 다섯 살 때 "생명이 무얼까?"라는 질문에 "엄마 새가 둥지에서 아기 새를 꼭 껴안아 주는 거예요"라고 말했어요. 그 이야기를 듣고 어른인 선생님도 '아 생명은 사랑의 다른 말이구나. 소중하게 지켜야 하는 것이구나'를 다시 한번 깨닫게 되었답니다.

여러분이 생각하는 '생명'은 무엇인가요? 3학년 2반의 7번 애벌레를 지켜주는 친구들의 마음처럼 '소중한 것을 지켜 주는 마음'도 '생명'은 아닐까요? 생명은 살아 있는 모든 것에 붙는 이름이지요. 그래서 여러분은 살아 있는 모든 것을 소중히 여기고 사랑했으면 좋겠어요.

부모와 아이의 인사이트 확장을 위한 TIP

• P.M.I 토론법[★]을 소개해요. 부모님과 함께 이야기하며 생각을 점프 업 해
보세요.
'교실에서 태어난 애벌레가 행복할까요? 자연에서 태어난 애벌레가 행복
할까요?'
이 질문을 바꾸어서 '인간과 사는 동물이 행복할까요? 자연에서 사는 동
물이 행복할까요?'로 생각을 확장해 볼게요.

★ P.M.I 토론:
   De Bono가 개발한 사고개발기법으로 어떤 문제의 긍정적인 면(Plus), 부정적인 면
   (Minus)을 모두 생각해 보고 흥미로운 대안(Interesting)을 찾는 활동이에요.

	인간과 사는 동물	자연에서 사는 동물
P Plus 좋은 점		
P Minus 좋지 않은 점		
P Interesting 흥미로운 대안, 새로운 점		
나의 생각		

리디아의 정원 ★1998년 칼데콧 아너상 수상

글, 그림 사라 스튜어트, 데이비드 스몰   출판사 시공주니어   연계 교과 국어 3-1

절망에 빠져 있을 때
우리를 '위로'해 주는 것은 무엇일까요?

책 속으로

리디아는 미국의 경제 대공황으로 아버지가 직장을 잃고 집안 형편이 어려워지자 외삼촌 집에 맡겨진다. 외삼촌의 가게는 허름했지만 리디아는 가게의 화분들이 자기를 기다리고 있었던 것 같다며 가슴 떨려 한다.

외삼촌은 도시에서 빵 가게를 하시는데 잘 웃지 않는 무뚝뚝한 분이다. 씩씩하고 밝은 성격의 리디아는 외삼촌께 시를 지어 드리고 빵 반죽도 배우고 가게의 고양이와도 친해지면서 점차 도시 생활에 적응해 간다. 리디아로 인해 삼촌 집도 밝아지기 시작한다. 삼촌의 가게 앞에는 리디아가 가꾸는 화분에서 예쁜 꽃이 피고 꽃을 구경하거나 물건을 사는 손님들로 북적인다.

어느 날 리디아는 비밀 장소를 발견하고 외삼촌을 위한 깜짝 선물로 씨앗들을 심기 시작한다. 얼마 후 독립기념일에 외삼촌께 아름다운 옥상 정원을 보여드린다. 꽃 천지가 된 옥상. 리디아는 엄마, 아빠, 할머니께서 가르쳐 주신 아름다움을 다 담아내려고 노력했다고 말한다. 무뚝뚝했던 삼촌은 활짝 웃으며 리디아를 위해 꽃으로 뒤덮인 꽃 케이크를 만들어 선물한다.

아버지가 취직이 되었다는 기쁜 소식이 전해지고 다시 집으로 돌아가게 된 리디아는 외삼촌 가족들과 아쉬운 이별을 한다.

시크릿한 책 속 비밀

3학년 1학기 국어 시간에는 '리디아의 편지'를 읽고 마음을 나타내는 말을 잘 알고 있는지 확인해 보는 '내 마음을 편지에 담아' 차시가 있다. 어려운 환경에서도 씩씩하고 긍정적으로 부모님께 감사하는 마음을 전하는 리디아의 편지가 제재로 사용되는 것이다.

교과서에는 동화의 전편이 실려 있지 않으니 아이들이 『리디아의 정원』을 미리 읽기를 권한다. 이미 배경 지식을 쌓은 아이라면 리디아의 마음을 잘 이해하고 마음을 나타내는 말을 잘 찾아낼 수 있을 것이다. 더 나아가 아이들은 부모님께 감사하며 어려운 상황에서도 용기를 잃지 않고 삶의 소중함을 스스로 깨닫게 될 것이다.

Ⓐ 주위를 둘러보세요. 내 곁을 지켜 주는 무언가가 있을 거예요.

부모님과 떨어져 살아야 하는 리디아에게 '위로'가 되어 준 건 화분이었어요. 화분에 꽃을 심고 가꾸는 일, 황폐했던 옥상 정원을 꽃밭으로 만드는 일이었어요. 슬프고 힘들 때 주저앉아 울지 않고 자신이 좋아하고 잘하는 일을 찾아 그 일에 몰두하다 보니 다시 집에 돌아갈 수 있게 되었지요?

"이 또한 다 지나갈 것이다."

선생님은 슬픔에 빠진 친구들에게 이 말을 해 주고 싶어요. 사랑하는 가족과 떨어져 먼 지역에서 일해야 하는 리디아는 얼마나 힘들고 슬펐을까요? 그럴 때마다 편지를 쓰며 마음을 달랬지요. 여러분도 힘든 일이 있을 때 마음을 달랠 수 있는 방법을 생각해 보면 좋겠어요.

부모와 아이의 인사이트 확장을 위한 TIP

• 편지글이에요. 편지글에 들어가야 할 내용을 옆 페이지에서 찾아 맞는 숫
자를 네모 칸에 써 보세요. 또 이 편지 글에는 빠진 것이 한 가지 있어요.
몇 번일까요? 괄호 안에 써 보세요. (   )

엄마, 아빠, 할머니께 ◀ ▭

저는 가슴이 정말 쿵쾅거려요.
드디어 제가 집에 갈 수 있게 되었어요. 아빠가 취직
을 하셨다는 소식이 담긴 편지가 도착했을 때 날아갈
듯 기뻤답니다. 꿈인지 생시인지 모르겠어요. 집으로
돌아가면 이곳에서의 생활도 자세하게 말씀드릴게요.
삼촌이 만들어 주신 케이크가 얼마나 멋진지도 옥상 정   ◀ ▭
원의 꽃밭이 얼마나 아름다운지도 말이에요. 집에 돌아
가는 날을 손꼽아 기다릴게요. 그날이 이제 정말 얼마
안 남았네요.
뵙는 날까지 안녕히 계세요. ◀ ▭

▭ ➡ 1936년 7월 11일
▭ ➡ 사랑하는 리디아 그레이스 올림

- 편지글에는 아래 여섯 가지가 꼭 들어가야 해요.
  ① 받는 사람
  ② 첫인사
  ③ 전하고 싶은 말
  ④ 끝인사
  ⑤ 쓴 날짜
  ⑥ 글 쓴 사람

부가정보 함께 읽으면 좋은 책

루시 모드 몽고메리 『빨간 머리 앤』, 프랜시스 호지슨 버넷 『소공녀』

투발루에게 수영을 가르칠 걸 그랬어! ★행복한아침독서 추천 도서

글, 그림 유다정, 박재현·이예휘 출판사 미래아이 연계 교과 국어, 과학 4-2

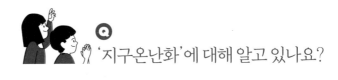

Q '지구온난화'에 대해 알고 있나요?

책 속으로

> 지구온난화로 점점 가라앉고 있는 남태평양의 작은 나라 투발루에는 로자와 고양이 투발루가 산다. 로자와 고양이 투발루는 어디든 함께지만 투발루가 싫어하는 수영은 같이 할 수 없다. 그러던 어느 날 로자의 가족은 다른 나라로 이민을 가기로 결정한다. 점점 가라앉는 투발루에서 더 이상 살기 힘들었기 때문이다.
>
> 로자 가족이 투발루 섬을 떠나는 날, 고양이 투발루가 보이지 않는다. 로자는 투발루를 찾아다니지만 결국 찾지 못하고 비행기에 오른다. 그때 저 멀리 투발루가 보인다. 비행기에서 멀어지는 투발루를 보며 로자는 고양이 투발루에게 수영을 가르치지 못한 것을 안타까워한다.

시크릿한 책 속 비밀

> 4학년 2학기 교과서 중 '독서 감상문을 써요' 단원에서 '글에 대한 생각이나 느낌을 여러 가지 형식으로 표현하기' 부분의 제재로 이 책을 사용하여 지도하고 있다. 아이들은 이 수업을 통해 로자처럼 '지구온난화'로 사는 곳이 가라앉고 있어 고향을 떠나야 하는 사람들의 마음을 느껴 본다. 일기, 만화, 편지쓰기 등의 다양한 방법으로 자신의 느낌을 표현해 본다.
>
> 지구온난화가 남의 나라 이야기가 아니라는 사실을 아이들도 기후 변화를 겪어 알고 있을 것이다. 이 책을 읽고 이상기후로 직접 피해를 입은 경험담을 이야기할 수도 있다. 아이들이 지구를 건강하게 지키는 방법을 생각해 보며 로자 같은 친구들이 더는 고향을 떠나지 않으려면, 우리는 어떻게 해야 하는

지 대처법도 찾아보면서 지구촌 문제에 관심을 기울이면 사고가 확장될 것이다. 또한 책을 읽으면서 아이들은 환경 파괴로 고향을 떠나야 하는 사람의 마음도 헤아려 볼 수 있고 환경 문제에 더 관심을 기울일 수도 있을 것이다.

| 식량 위기로 번진 기후 변화 MBC 뉴스 | 미리 본 50년 뒤 지구 SBS 뉴스 | 지구의 시간은 빠르게 간다 집사부일체 | 피할 수 없는 기후 위기 브레드이발소 |

Ⓐ '지구온난화'는 지구의 평균 기온이 점점 높아지는 거예요.

투발루는 원래 아홉 개의 섬으로 이루어진 아름다운 섬나라였어요. 그런데 지금은 두 곳의 섬이 바다 아래로 가라앉아 7개의 섬만 남게 되었다는군요. 투발루가 가라앉는 이유는 지구 온난화 때문인데요. 투발루는 평균 해발고도가 3m밖에 안 되는 평평한 나라인데 지구온난화로 해수면이 상승해서 섬이 가라앉고 있는 거예요. 50년 안에 투발루의 모든 섬은 바다 아래로 영원히 가라앉을 지도 몰라요.

지구 온난화로 고향을 잃은 사람들의 아픔은 언젠가 닥칠 우리의 아픔일 수도 있어요. 우리는 당장 무엇을 시작해야 할까요? 환경 문제에 관심을 갖고 오늘부터 일회용품 사용을 줄이고 물과 전기도 아껴 쓰며 필요없는 물건은 사지 않아요. 우리의 작은 실천이 모이면 환경 오염을 줄일 수 있겠죠.

부모와 아이의 인사이트 확장을 위한 TIP

- 우리집에서 실천할 수 있는'투발루 살리기 프로젝트'를 기획하며 생각을
점프 업 해 보세요.
지구 온난화를 막아 투발루를 살릴 수 있는 실천법을 아래 예시처럼 빈칸
에 써 보세요.

• 지구는 1만 년 동안 기온이 1℃ 변했지만 인간은 100년 만에 1℃를 상승시켰습니다. 우리나라도 여름은 길어지고 겨울은 점점 짧아지고 있어요. 우리 지구를 지키기 위해 우리 가족이 할 수 있는 (아) 아껴 쓰고, (나) 나눠 쓰고, (바) 바꿔 쓰고, (다) 다시 쓰고 활동이 있어요. 우리 집에 '아나바다' 활동을 할 수 있는 물건을 정리 해 볼까요? 우리 집에 남들과 나누거나 바꿔 쓸 수 있는 물건, 벼룩 시장에 내놓거나 팔 수 있는 물건이 있다면 정리해 봅시다.

(아) 아껴 쓰고 _____

(나) 나눠 쓰고 _____

(바) 바꿔 쓰고 _____

(다) 다시 쓰고 _____

자유가 뭐예요? ★제17차 간행물윤리위원회 청소년 권장 도서

글, 그림 오스카 브르니피에, 프레데릭 레베나   출판사 상수리   연계 교과 국어 4

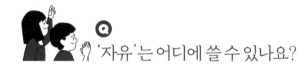

Q '자유'는 어디에 쓸 수 있나요?

우리는 원하는 건 뭐든 할 수 있을까? 새는 날지 않겠다고 <u>스스로</u> 판단하고 결정할 수 있을까? 사람은 원해서 사람으로 태어났을까?

우리는 무엇이든 다 할 수 있는 상태를 '자유'라고 생각하지만 때로는 우리 자신의 신체적, 환경적 조건이나 제한 때문에 못하게 되는 일도 많다. 이거 하라, 저거 하라며 시키는 어른들 때문에 우리는 마음대로 하지 못할 때도 있고 나를 사랑하는 사람들로 인해 더 자유로워질 때도 있다. 혹은 내 마음이 내키지 않아도 다른 사람을 기쁘게 하려고 다른 사람을 따르기도 한다. 또 다른 사람의 자유를 위해 우리의 자유를 제한하기도 한다.

아이였을 때는 어른이 되면 뭐든 원하는 대로 할 수 있을 것이라고 생각하지만 실제 어른이 되면 족쇄가 더 많아진다. 감옥에 갇힌 죄수에게도 자유가 있을까? 자유라는 것이 행동의 자유만을 말한다면 죄수에게 자유는 없지만 정신적 자유를 포함한다면 죄수도 자유인이다. 죄수도 꿈을 꾸고 상상할 수 있으니 말이다. 인권 선언에 따르면 자유는 모든 사람을 위한 권리이며 꿈을 이루고 행복한 삶을 위해서 꼭 필요하기 때문이다.

시크릿한 책 속 비밀

> 이 책은 부모에게 대답 자판기 같은 책이다.
> "왜 해야 해요?", "왜 하면 안 돼요?"
> 아이들이 이처럼 난감한 질문을 할 때 이 책은 해답을 줄 것이다. '자유'가 무엇인지, 왜 다른 사람의 자유를 지켜 주면 내 자유도 얻을 수 있는지, 자유를 지키기 위해 어떻게 해야 하는지 같은 철학적인 질문에 명쾌한 답을 제시한다.

'철학하는 어린이' 시리즈 중의 한 권으로 챕터마다 철학 박사님이 등장해 어려운 개념을 쉽게 설명해 주시기 때문이다. 고학년을 준비하는 아이라면 꼭 읽고 생각을 정리해 볼 시간을 가져 보면 좋겠다.

고학년이 되면 자기주장을 써야 하는 '주장하는 글쓰기', 모둠을 나눠 하는 '토의·토론' 시간을 자주 갖게 된다. 이 책을 먼저 읽어 본다면 여러 사회 문제를 보는 시각이 확장되고 자신의 주장을 펼칠 때 논리적 근거를 마련하는 데 큰 도움을 얻을 수 있을 것이다.

Ⓐ '행복'을 위한 티켓이에요.

우리는 행복해지려고 자유를 사용해요. 세상을 앞으로 나아가도록 하는 새로운 생각을 찾는 데도 자유를 사용하지요. 우리가 원하는 직업을 선택하고 내 인생을 살려면 자유는 꼭 필요합니다. 그래서 자유는 보물처럼 아끼고 지켜야 하는 것이에요. 인간은 언젠가 죽지만 우리 삶에 스스로 책임을 지고 스스로를 더 잘 알기 위해 공부해 보는 시간은 우리를 성장시키는 열쇠가 될 거랍니다.

자유는 자신의 꿈을 이루고 행복한 삶을 살기 위해 꼭 필요하답니다. 눈에 보이지는 않지만 사람들은 '자유'를 위해 목숨을 걸고 투쟁하기도 하죠. 왜냐하면 눈에 보이지 않지만 지켜 내야 할 가치가 있는 것이기 때문이죠. '자유가 아니면 죽음을'이라는 구호로 목숨을 걸고 자유를 지키기 위해 투쟁하는 사람들도 있답니다.

• 여러분이 판사가 되어 아래 사건을 재판해 보세요. '자유'와 관련해서 판결해 보세요.

> 장발장은 배가 고파 빵을 훔쳐 먹었습니다. 당시 판사는 장발장에게 5년 형을 내렸습니다. 이후 탈옥을 시도한 장발장에게 19년의 벌을 더 내렸습니다. 만약 여러분이 판사라면 장발장에게 어떤 판결을 내리고 싶나요?

①정당하지 못한 판결이다.

이유 : _____

_____

②정당한 판결이다.

이유 :

_____

인사이트 팁: 윤쌤이 나누고픈 한마디!

• '자유 의지'에 대해 들어 본 적이 있나요?

　옛날 아담과 이브가 에덴동산이라는 곳에서 행복하게 지냈다고 해요. 에
덴동산에는 선악과(善惡果 — 선과 악을 알게 하는 나무)라는 과일나무가 있었
지요. 신은 그들에게 선악과를 먹으면 지금의 평화는 사라지고 선과 악이
함께 공존할 것이라고 했어요. 그런데 인간은 호기심에 선악과를 따 먹어
요. 너무나 궁금했던 거죠. 이런 게 바로 '자유 의지'예요. 이후에 평화로웠
던 세상엔 슬픔과 죽음이 생겨났대요.

　어떤가요? '자유 의지'가 평화를 빼앗아 갔네요. 그렇지만 인간은 자유로
운 존재이기에 어려움을 극복하고 성장하는 것이겠죠.

프린들 주세요 ★크리스토퍼상

지은이 앤드루 클레먼츠   출판사 사계절   연계 교과 국어 3-1

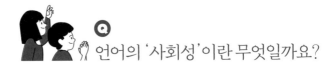

언어의 '사회성'이란 무엇일까요?

링컨 초등학교에 다니는 '닉'은 기발한 아이디어와 상상력을 가진 소년이다. 닉은 '깃털'을 가리키는 라틴어 '피나'에서 유래된 '펜'이라는 오랜 역사를 가진 말을 '프린들'이라고 바꿔 부른다. 말을 사랑하고 소중히 여기는 그레인저 국어 선생님은 그런 닉이 못마땅하다. 그래서 선생님은 닉과 그를 추종하는 아이들과 전쟁을 벌인다. 선생님은 아이들에게 언어와 책 읽기의 중요성을 깨우쳐 주려고 노력하며 늘 사전을 찾아보게 한다. 사실 뒤에서는 프린들이 퍼져 나가도록 돕는 그레인저 선생님이지만 그런 선생님께 대항하듯 펜 대신 프린들이라는 단어를 만들어 쓰는 닉과 선생님의 사이는 좋지 않다.

처음 아이들이 학교 앞 문구점에서 펜 대신 프린들을 달라고 했을 때 주인 아주머니는 무엇을 달라고 하는지 몰랐지만, 많은 아이가 프린들을 찾게 되니 그것이 펜이라는 사실을 알게 되었다. 이제 링컨 초등학교 학생들은 펜 대신 프린들이라는 단어를 사용하게 되었고 후에 프린들은 사전에 정식 명칭으로 등록되었다.

상상력과 창의력이 뛰어난 닉은 커서 큰돈을 벌게 되고 자신을 믿어 준 그레인저 선생님 이름으로 장학재단을 만들어 학생들을 돕는다.

시크릿한 책 속 비밀

이 책이 3학년 1학기 교과서에 등장하면 아이들은 꾀돌이로 변신한다. 학용품 중 어떤 걸 다른 이름으로 부를지 상상하기 때문이다.

교사로서 이 책을 읽으며 제자와 스승 간의 우정에 대해 생각해 볼 수 있었다. 부모님과 함께 읽는다면 내 아이가 닉과 같은 엉뚱한 생각을 할 때 "그러지 마" 하며 창의력을 꺾을지 "좋은 생각이구나" 하며 칭찬해 줄 지를 판단할 수 있을 것이다.

중학교에서 배우는 언어의 여러 가지 특징 중 '사회성'에 대해서도 생각해 볼 수 있는 책이다. 닉은 마치 마이크로 소프트 사의 빌게이츠를 떠오르게 하고, 애플 사의 스티브 잡스를 연상케 한다.

 Ⓐ '언어'가 '사회적 약속'이라는 뜻이에요.

언어에는 다양한 특성이 있어요. 먼저 자의성은 소리와 의미의 관계가 필연적이지 않다는 거예요. 포도를 우리나라에서는 포도라고 하지만 영어로는 그레이프(Grape)라고 하잖아요. '과일 포도'라는 같은 의미지만 사용하는 언어에 따라 다르게 말하고 쓰는 거죠. 사회성은 언어가 사회적 약속이라는 뜻이에요. 누가 텔레비전이라고 하면 우리는 무엇을 가리키는지 알잖아요. 그 물건을 텔레비전이라고 약속했기 때문이죠. 그걸 책이나 토마스라고 마음대로 바꾸어 부르면 사람들은 이해할 수 없어요. 언어는 역사성도 가졌어요. 시간이 흐름에 따라 단어의 소리와 의미가 변하거나 문법 요소가 변화하는 특성이죠. '자장면'이 표준어였지만 이제는 '짜장면'도 표준어로 인정받게 되었죠. 분절성은 연속적으로 이루어진 세계를 끊어서 표현하는 특성을 말해요. 계절을 편의상 봄, 여름, 가을, 겨울로 끊어서 사용하지만 확실히 나눌 수는 없잖아요. 인간이 편의상 나누는 것뿐이죠.

언어는 새로운 것을 계속 창조하는 창조성을, 자음과 모음이 합쳐져 글자를 이루는 기호성을 '나는 잠을 잔다'처럼 주어·목적어·서술어의 형태를 갖추고 있다는 규칙성이라는 특성도 있어요.

부모와 아이의 인사이트 확장을 위한 TIP

• 여러분도 닉처럼 '프린들'이 있나요? 나만의 '프린들'을 만들어 볼까요?

대상	지우개	대상	
특징	연필로 쓴 걸 지운다. 사용할 때 때가 나온다.	특징	
나만의 낱말로 만들기	청소 요정	나만의 낱말로 만들기	
이유	내가 잘못 쓴 글을 지워 주니까.	이유	

• 부모님과 내가 만든 새로운 낱말로 '스무고개 놀이'를 해 보세요.

①질문 20개를 할 수 있어요.
예시: 먹는 건가요?

②나는 '네', '아니오'로 대답해요.
예시: 아니오

③20번 질문이 오고 갈 때까지 상대가 맞히지 못하면 이겨요.

그 소문 들었어? ★행복한아침독서 추천 도서

글. 그림 하야시 기린, 쇼노 나오코   출판사 천개의바람   연계 교과 국어 2-2

 '소문'은 믿을 만한가요?

"그 소문 들었어?…."

어마어마한 부자에 황금빛 갈기를 자랑하는 욕심 많은 금색 사자는 왕이 되고 싶다. 그런데 갈기도 지저분하고 온통 흙투성이인 은빛 사자가 동물들의 신임을 받고 있다니 어떻게 해서든 은빛 사자를 나쁘게 만들고 싶다. 그래서 금색 사자는 은색 사자가 다른 동물을 때리는 나쁜 사자라고 거짓말을 꾸미며 소문을 퍼트린다.

처음에 금색 사자의 말을 믿지 않았던 동물들은 서로가 서로에게 전하는 소문을 사실처럼 믿게 되고 소문은 이쪽저쪽 옮겨지며 눈덩이처럼 커져 버린다. 은색 사자는 이런 밑도 끝도 없는 소문에 쓴 웃음만 지을 뿐 아무 말도 하지 않았다. 결국 금색 사자가 왕이 되었다. 금색 사자의 꾐에 넘어간 나라는 황폐해지고 결국 동물들은 한탄하지만 이미 모든 걸 잃게 되었다.

시크릿한 책 속 비밀

'카더라 통신'이라는 말이 있다. 진실인지 아닌지 알 수는 없지만 '누가 그렇다고 하더라'를 재미나게 표현하는 말이다. 우리는 가끔 연예인들의 이야기를 할 때 그 이야기가 사실이든 거짓이든 그들에 대한 소문이 그저 재미있다. 여러 입과 귀를 거치면 거칠수록 더욱더 자극적인 이야기로 거듭나는 소문. 그런 소문으로 가끔 잘못된 선택을 하는 연예인들이 생길 정도이니 '소문'은 사람을 찌르는 칼같다.

아이들과 이야기를 하다 보면 처음 시작이 누구였는지 그것이 진실인지 모르는 이야기를 하곤 한다.

"선생님 금쪽이가 그러는데요 반쪽이가요….."

금쪽이를 부르면 "개똥이가 그러는데 소똥이가 그랬대요", 개똥이를 부르면 "금쪽이가 그랬어요" 하고 서로서로 떠넘긴다. 결국 상처는 반쪽이만 받는다. 그런데 그런 반쪽이가 내가 될 수도 있다.

아이들은 소문이 얼마나 무서운 건지 제대로 판단하지 않고 남의 이야기를 전한다. 생각 없이 소문을 전달하는 행동이 얼마나 위험한지 아무리 이야기해도 알지 못할 때가 많은데 이 책을 읽으면 말의 무게를 깨닫게 될 것이다.

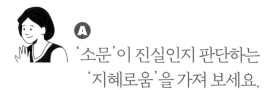

Ⓐ '소문'이 진실인지 판단하는 '지혜로움'을 가져 보세요.

소문은 사실일 수도 사실이 아닐 수도 있어요. 모든 사람이 아는 내용도 진실이 아닐 수도 있답니다. 여러분도 잘 아는 '나폴레옹'은 사실 키가 크고 굉장히 잘생겼었다고 해요. 선생님은 지금까지 '나폴레옹'은 키가 작고 못생겼다고 생각했거든요. 선생님이 '나폴레옹'에 대해 잘못된 소문을 들은 거죠. 나폴레옹과 전쟁을 한 반대편 나라에서 잘못된 소문을 퍼트렸다고 해요.

우리 속담에 '발 없는 말이 천 리 간다'는 말이 있어요. 말의 힘이 얼마나 빠르고 무서운 건지 경계하는 조상들의 지혜가 담긴 말이죠. 잘못 전달된 말은 한 사람을 곤경에 빠트릴 수도 있고 한 나라의 역사를 바꾸어 놓을 수도 있어요. 남의 이야기를 할 때는 신중해야 하고 이야기를 전달할 때는 올바로 판단해야겠어요.

부모와 아이의 인사이트 확장을 위한 TIP

• '서동요'라는 노래를 알고 있나요?

신라 진평왕의 딸 선화 공주는 굉장히 아름다웠다고 해요. 백제의 가난한 서동은 마를 캐면서 살았는데 아름다운 선화 공주와 결혼을 하고 싶었어요. 서동은 동네 아이들에게 마를 먹이고는 아래와 같은 노래를 지어 아이들에게 부르게 했어요.

"선화 공주님은 남몰래 사귀어 두고 서동방을 밤에 몰래 안고 간다."

동요가 도성에 가득 퍼지고 대궐 안에까지 들리자 임금님은 공주님을 먼 곳으로 쫓아내요. 결국 서동은 자신이 퍼뜨린 소문대로 결혼에 성공하게 되고 백제의 왕이 되었다고 해요.

아름다운 이야기인가요?

소문 때문에 집에서 쫓겨난 선화 공주는 얼마나 억울했을까요?

• 『근데 그 얘기 들었어?』— 글·그림 밤코, 바둑이하우스

마을에 누군가 이사를 왔어요. 누가 이사 왔는지 동물들이 이야기를 해요. 동물들이 이야기를 하는 내용만 듣고 상상해서 여러분이 생각하는 동물 그림을 그려 보세요. 다 그리고 나서 QR 코드에서 보여지는 동물과 비교해 보세요. 내가 상상한 그림과 실제 그림이 같은지 비교해 보면서 내 생각은 늘 옳은지 생각해 보세요.

① 네모난 몸 둥근 얼굴에 가시가 있어요.

② 얼굴은 네모, 몸이 뾰족한 산봉우리 같아요.

③ 몸이 산보다 크고 네모난 얼굴에 뾰족한 이빨이 가득해요.

바삭바삭 갈매기 ★교과서 수록 도서

글, 그림 전민걸 출판사 한림출판사 연계 교과 국어 3-1

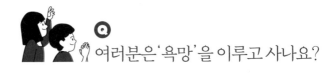 여러분은 '욕망'을 이루고 사나요?

책 속으로

　큰 바위섬에서 파란 하늘을 벗 삼아 사는 갈매기들은 따뜻한 바람이 불면 높이 날아올라 물고기 떼를 찾고, 잡은 물고기를 먹고 난 후 배가 부르면 친구들과 모여서 수다를 떨었다.

　그러던 어느 날 커다란 배가 바위섬 옆을 지나가는데 아이들이 무언가를 던지고 있었다. 그중 하나가 갈매기들 사이에 떨어졌고 짭조름하고 고소한 냄새가 나는 그것을 한 갈매기가 깨물어 보았다. '바삭바삭!' 그것은 갈매기가 한 번도 먹어 보지 못한 인공의 맛이었다. 갈매기들은 바삭바삭한 그것이 더 먹고 싶어 큰 배를 따라 날아다녔다. 물고기를 잡을 때와는 달리 하나라도 더 먹으려고 서로 싸우듯 날았다. 그렇게 정신없이 먹다 보니 어느새 사람들이 사는 마을이었고 더 이상 배에서는 바삭바삭이 나오지 않았다. 이미 바삭바삭에 빠진 갈매기들은 사람들 주위를 맴돌고 마을 쓰레기통을 뒤졌다.

　어느 날 밤 갈매기는 마을 깊숙이 골목 안쪽으로 몰래 숨어들어 바삭바삭을 찾았다. 그런데 그곳에는 털도 빠져 있고 똥에다가 쓰레기를 뒤집어쓴 갈매기들이 있었다. 다른 갈매기들의 모습에 놀란 갈매기는 높이 날아올랐다. 떠오르는 해를 보며 높이 오랜만에 멀리 날았다.

시크릿한 책 속 비밀

　문방구 앞에는 예나 지금이나 불량 식품이 아이들의 눈길을 사로잡고 있다. 몸에 좋은 게 입에 쓰지만 달달한 인공의 맛은 아이들을 현혹하기에 충분하다. 『과자, 내 아이를 해치는 달콤한 유혹』(안병수 저, 국일미디어)이라는 책이 생각난다. 갈매기에게 처음 던져진 바삭바삭한 과자, 그 맛을 찾아 위험을 무릅쓰고 자연을 등진 갈매기, 그곳에서 본 뚱뚱하고 더러운 갈매기들. 이를 본 주인공 갈매기가 어떤 선택을 할지 이 책을 다 읽을 때까지 무척 궁금해진다.

　이 책은 3학년 1학기 국어 교과서에 실린 작품으로 제목에서 느껴지듯 갈매기의 생태보다는 바삭바삭에 초점을 맞춰 감각적 표현을 찾는 활동에 집중한다. 초등 단계에서 의성어, 의태어는 나눠 배우지 않고 시각, 촉각, 후각, 미각, 청각의 다섯 가지 감각적 표현을 찾고 사용하여 문장을 완성하는 활동을 하게 된다.

'욕망'을 다 채울 수는 없어요.

'욕망'은 무엇을 가지거나 누리고 싶어하는 마음이에요. 우리는 맛있는 것을 먹고 좋은 곳에서 편안한 시간을 갖는 삶을 원해요. 그러면서 힘들지 않게 돈도 벌기를 원하죠. 여러분은 어떤 욕망을 갖고 있나요?

인생을 살면서 내가 하고 싶은 것을 모두 할 수 있을까요? 갈매기들이 바삭바삭한 것을 먹으면서 잃은 건 건강한 몸과 깨끗한 깃털, 그리고 넓고 높은 하늘과 깨끗한 바다를 비행하는 자유였겠지요. 한 무리의 갈매기는 바삭바삭이라는 욕망을 선택했고, 그런 갈매기들을 보고 놀라 날아오른 주인공 갈매기는 하늘을 높게 나는 자유라는 욕망을 선택한 거죠. 욕망이 너무 강하면 간혹 잘못된 선택을 할 수도 있답니다.

여러분은 나를 망가뜨리면서 자극적인 욕망을 채우지 않았으면 좋겠어요. 스마트폰의 영상이 재미있어서 시력이 떨어지는 줄도 모른다거나 부모님을 걱정시키는 욕망은 스스로 조절했으면 좋겠어요.

부모와 아이의 인사이트 확장을 위한 TIP

• 감각적 표현이란 사물을 눈으로 보고 귀로 듣고 코로 냄새 맡고 손으로
  만지고 입으로 맛보는 것처럼 생생하게 표현하는 것을 말해요.

『바삭바삭 갈매기』의 감각적 표현:

• 파란 하늘과 구름
  ― 보는 것(시각)

• 와그작! 바삭바삭
  ― 소리(청각)

• 끈적거리고
  ― 피부(촉감)

• 고소한 냄새
  ― 냄새(후각)

• 짭쪼름하고 고소해
  ― 맛(미각)

• 예시처럼 윤동주 시인의 시에서 감각적 표현을 찾아 동그라미 쳐 보세요.

봄

윤동주

우리 애기는
아래 발치에서 (코올코올,)

고양이는
부뚜막에서 (가릉가릉)

애기 바람이
나뭇 가지에 (소올소올)

아저씨 해님이
하늘 가운데서 (째앵째앵)

병아리

윤동주

"뾰, 뾰, 뾰"
엄마 젖 좀 주"
병아리 소리,

"꺽, 꺽, 꺽
오냐 좀 기다려"
엄마닭 소리,

좀 있다가 병아리들은,
엄마 품속으로
다 들어 갔지요.

• 시에서 찾은 감각적 표현을 이용해서 짧은 글짓기를 해 볼까요?
  예: 우리 애기가 코올코올 자면 고양이는 가릉가릉 운다.

_____

_____

_____

현직 교사가 내 아이에게
몰래 읽히고 싶은

인문 교양서 50
—고학년

행복한 청소부 ★세종도서_(구)문화체육관광부 추천 도서

글, 그림 모니카 페트, 안토니 보라틴스키   출판사 풀빛   연계 교과 국어 6

행복은 무엇일까요?

책 속으로

　반복되는 일상을 성실하게 살아가는 독일 청소부 아저씨가 있다. 그는 작가
와 음악가들의 거리에서 표지판을 닦는다. 바흐·베토벤·하이든·모차르트·바
그너·헨델 거리, 쇼팽 광장, 괴테·실러·슈토름·바흐만 거리, 마지막으로 빌헬
름 부슈 광장까지가 아저씨의 일터이다. 아저씨는 매일 더러움과 사투를 벌이
지만 자신의 일을 사랑한다.

　어느 날 아저씨가 '글루크 거리'의 표지판을 닦고 있을 때 한 아이가 독일어
로 글뤼크는 '행복'이란 뜻인데 아저씨가 '뤼'자의 선을 지워서 '글루크'라는 글
자만 남긴 거라고 오해를 했다. 글루크는 사실 프랑스의 왕비인 마리 앙투아네
트(Marie Antoinette)의 음악 교사였던 독일의 음악가 이름이었는데 말이다.
아저씨는 당황했고 다시 한번 표지판을 쳐다보았다. 묵묵하게 거리의 표지판
을 닦았지만 자신이 닦는 표지판 속 유명인들이 무엇을 하는 사람인지는 전혀
몰랐다는 걸 깨달았기 때문이다.

　아저씨는 그날부터 표지판 속 유명인들을 공부하기 시작했다. 자신의 부족
함을 알게 된 아저씨는 음악을 듣고 그들을 공부했다. 일을 하면서도 머릿속
에 간직한 가락을 휘파람으로 불었다. 아저씨는 도서관에 가서 작가들이 쓴
책을 읽고 작가들을 공부하며 좀 더 일찍 책을 읽지 않은 걸 후회했다. 대학에
서는 강연을 해 달라는 부탁까지 받았지만 아저씨는 거절했고 표지판 청소부
로 행복하게 살았다.

시크릿한 책 속 비밀

'행복'이란 무엇일까?

공부에 지친 대한민국 아이들에게 "행복하니?"라고 묻는다면 과연 얼마나 많은 아이가 'YES'라고 대답할까? 우리는 좋은 직장과 부와 명예를 얻으려고 공부하는 걸까? 부와 명예를 얻으면 행복해질까? 모든 부모가 최선을 다해 키웠는데 왜 아이들은 행복하지 않을까?

공부를 하는 '이유'를 모르기 때문은 아닐까 생각해 본다. 대학 진학을 목적으로 하는 공부, 1등만을 목표로 하는 공부가 아닌 재미나 자신의 만족을 위해서 공부한다면 조금은 행복하지 않을까? 이 책은 '안다는 것(행복한 공부)' 자체로 사람은 충분히 행복해질 수 있다는 걸 보여 준다. '우리는 무언가 되려고 공부하는 것이 아니라 내가 원하는 걸 찾으려고 공부한다'는 깨달음을 줄 것이다.

Ⓐ '행복'은 좋은 생각의 일부분이에요.

"나는 생각한다, 고로 존재한다" — 근대 철학의 아버지 데카르트

우리는 문제의 해답을 어렵게 얻었을 때 묘한 쾌감을 느껴요. 이런 걸 '지적 희열'이라고 생각하면 됩니다. 모르는 것을 알게 되었을 때 스스로 긴 시간 문제와 씨름하다 결국 문제의 답을 알아냈을 때 느끼는 행복감이 바로 '지적 희열(안다는 기쁨)'인 거죠. '어렵게 배운 건 어렵게 잊는다'는 말도 있어요. 쉽게 지식을 얻을 때보다 오래 기억에 남는다는 의미일 테지요.

인간은 생각하며 스스로 존재의 가치를 증명해요. 생각하지 않는 사람은 없답니다. 행복도 좋은 생각의 일부분 아닐까요?

부모와 아이의 인사이트 확장을 위한 TIP

인사이트 팁: 윤쌤이 나누고픈 한마디!

우리나라는 세계 10위의 경제 대국이지만 행복지수는 OECD 최하위권이에요. 대한민국은 세계 유일, 최단 기간 다른·나라의 도움을 받는 나라에서 도움을 주는 나라로 눈부신 경제 발전을 이루었죠. 경제 발전을 위해 더 많이 공부해야 했고 더 많이 일해야 했어요. '행복'보다는 '먹고 사는 일'이 더 시급했기 때문이지요. 자식을 먹이고 입혀야 하는 부모의 책임과 부모의 기대에 부흥하기 위해 공부해야 하는 아이들에게 '행복'은 먼 나라 이야기였어요.

부모도 자신의 행복을 뒤로 하고 새벽 별을 보며 노동 현장에 나가 일을 했고, 아이들은 부모와 따뜻한 저녁 식사보다는 도서관 불빛 아래서 시험 문제를 달달 외워야 했지요. 사춘기의 고민을 나눌 멘토 어른을 만날 기회도 없었고요. 부모도 어렵거나 힘든 이야기를 할 마음의 여유가 없었어요. 자녀들은 살갑지 않은 부모를 원망할지 모르지만 부모님들도 최선을 다해 어려운 세월을 살아 내 오신 거랍니다.

서로의 위치에서 최선을 다해 살아 낸 가족을 애틋하게 이해하고 보듬는 시간을 가져 보길 바라요.

• 어떻게 하면 행복해질 수 있을까요? 핀란드인처럼 생각을 점프 업 해 볼까요? (세계에서 가장 행복한 나라는 북유럽의 핀란드라고 해요. 핀란드에서 '행복'의 답을 찾아볼까요?)

  핀란드에는 그들의 독특한 문화인 '휘게'라는 공식 휴식 시간이 있어요. '휘게'란 자유롭고 편안하게 책을 읽거나 낮잠을 자는 소박하고 여유로운 시간을 말하죠. 핀란드인들은 자신에게 '쉼'을 선물하는 거죠. 행복은 소박하고 안정적이며 여유로운 사색의 시간, 편안한 쉼에서 오는 것은 아닐까요?

• 여러분이 가장 행복할 때는 언제인가요? 그때 왜 행복하다고 느끼나요?

내가 가장 행복할 때는

이다.

왜냐하면,

해리엇 ★한국문화예술위 선정 우수 문학

글, 그림 한윤섭, 서영아   출판사 문학동네   연계 교과 국어 6-1

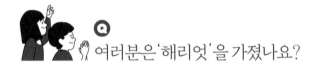

여러분은 '해리엇'을 가졌나요?

책 속으로

아기 원숭이 찰리는 마취제를 쏘며 원숭이를 잡아들이는 사람들의 공격을 받고 하루아침에 엄마와 숲을 잃는다. 잡혀 들어간 공원 관리소에서 만난 흰 줄 원숭이는 사람을 이기는 것보다 살아남는 게 중요하다고 조언해 준다. 일곱 살 남자아이의 선택을 받은 찰리는 인간의 집에서 애완 원숭이로 살게 된다. 자연에서 그랬듯 똥과 오줌을 싸는 아기 원숭이 찰리를 주인은 공격적으로 훈련시킨다. 찰리는 살아남기 위해 해야 할 것과 하지 말아야 할 것, 사람이 정해 주는 삶의 방식을 터득해 나간다. 하지만 얼마 지나지 않아 아이가 도시로 떠나고 주인 부부는 찰리를 동물원으로 보낸다. 버려진 것이다.

두려움과 외로움 속에 남겨진 찰리에게 다가가 친구가 되어 준 건 175년을 살았다는 동물원의 진정한 어른 '해리엇'이었다. '해리엇'은 바다를 품고 살아왔다. 해리엇 덕분에 동물들은 지혜와 사랑을 배웠고 아기 원숭이 찰리 또한 성장한다.

그러나 나이 든 늙은 거북이 해리엇에게는 남은 시간이 얼마 없었다. 많은 동물이 슬퍼했지만 해리엇의 죽음을 막을 수는 없다. 단 하나 동물들이 해 줄 수 있는 건 해리엇이 170년을 기원한 '꿈'을 이뤄 주는 것이다. 달빛이 내리던 밤, 찰리는 170년 동안 갈라파고스를 그리워했다는 해리엇을 위해 사육사의 열쇠를 집어 들었다. 해리엇은 꿈꿔 온 바다로 갈 수 있을까?

시크릿한 책 속 비밀

찰리는 부모와 떨어져 '해리엇'이라는 진정한 어른이자 친구를 만난다. 해리엇을 통해 어린 찰리는 인생에서 가장 중요한 가치가 무엇인지 생각하게 된다. 본인도 동물원에 갇힌 신세지만 친구를 위해 목숨을 걸고 해리엇의 탈출을 돕는다.

고학년 아이들이 가장 고민하는 문제 중 하나가 '교우 관계'이다. 고학년 담임을 맡아 보면 학습 지도보다 생활 지도로 머리가 지끈거리기도 한다. 사소한 오해부터 여러 아이들이 엮인 복잡한 문제까지 누군가의 양보 없이는 해결할 수 없는 문제들이 수두룩하다. 아이들은 동물들이 목숨을 걸고 친구의 꿈을 이뤄 주는 이야기를 통해 진정한 친구의 의미를 깨닫게 될 것이다.

또 '내 가치는 무엇인가?'라는 다소 철학적 문제의 답을 생각해 보면서 정체성의 해답을 찾는 데 도움을 받을 수 있을 것이다. 동물원에 갇힌 동물의 시선으로 인간 세계를 보는 이 작품을 통해 진정한 자유와 삶의 소중함도 배워 볼 수 있을 것이다. 6학년 1학기 국어 '동물원은 필요한가'에 대한 문제에 대해서도 생각해 볼 거리를 던져 준다.

Ⓐ '좋은 친구'가 해리엇이랍니다.

여러분 인생에 '해리엇'은 누구였나요? 힘든 나에게 손 내밀어 주고 격려와 용기를 준 친구가 있었다면 그 친구가 여러분 인생의 '해리엇'일 것입니다. 아직 '해리엇'을 만나지 못했다면 눈을 감고 생각해 보세요. 어떤 친구가 내게 와 주면 좋겠는지 말이죠. 그리고 나는 누군가에게 '해리엇'이 되어 준 적이 있었는지 한번 생각해 보세요.

부모와 아이의 인사이트 확장을 위한 TIP

• '해리엇'은 살 수 있는 날이 얼마 안 남은 늙은 거북이에요. 여러분도 늙어서 죽음을 맞이하게 된다면 어떤 모습으로 다시 태어나고 싶나요?

나는 _____ 로 태어나고 싶다.

왜냐하면 _____

_____

_____

• 여러분에겐 꼭 해 보고 싶은 일 '버킷리스트'가 있나요? 내 인생의 버킷리스트를 작성해 보세요.

① _____

② _____

③ _____

④ _____

⑤ _____

• 여러분은 인생에서 어떤 '가치'를 가장 소중하게 생각하며 살고 있나요? 여러분이 80살이 되어 그동안의 삶을 돌아보며 일기를 쓴다고 생각해 보세요. 예를 들면 자유, 가족, 우정, 사랑, 건강, 명예, 인기, 성공, 경제적 부 등이요.

내 인생의 가장 중요한 가치는 (   )였다.

나는 이제 80살이 되었다.

내가 생각하는 가치인 (   )대로 열심히

살았다. 그동안 내 인생에 대해 이야기해 보려고 한다.

_____

_____

_____

_____

_____

_____

수일이와 수일이 ★교과서 수록 도서

글, 그림 김우경, 권사우 출판사 우리교육 연계 교과 국어 5

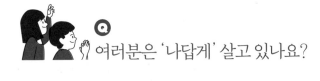 여러분은 '나답게' 살고 있나요?

책 속으로

개학까지 1주일 남았는데 수일이는 여름방학 내내 바닷가 한번 가지 못하고 학원에만 다녔다. 여느 때처럼 학원에 가려는 수일이에게 강아지 덕실이가 말을 걸어왔다. 덕실이는 쥐에게 손톱을 먹이면 수일이와 똑 닮은 수일이가 생길 것이라고 말해 주었다. 수일이는 믿거나 말거나 빈집에 자신의 손톱을 두고 왔다. 다음 날 빈집에 다시 가 보니 정말 수일이와 똑같이 생긴 남자아이가 있었고 수일이는 그 아이를 집으로 데리고 왔다. 그날 이후 진짜 수일이는 놀러 다니고 가짜 수일이는 학원에 다니게 되었다. 가짜 수일이는 계속 돌려보내 달라고 하는데 진짜 수일이는 방학이 끝나면 돌려보내 주겠다고 한다.

그러던 어느 날 엄마 아빠가 가짜 수일이를 데리고 휴가를 가 버린다. 진짜 수일이는 가족이 없는 집에서 혼자 밤을 보내고 이젠 가짜 수일이를 돌려보내 줘야겠다고 생각한다. 하지만 가짜 수일이는 돌아가지 않겠다고 한다. 진짜 수일이는 가짜 수일이에게 쥐약을 먹이려 하지만 가짜 수일이는 이를 눈치채고 진짜 수일이를 덕실이와 함께 쫓아내 버린다.

수일이는 사람으로 변한 쥐를 다시 쥐로 되돌릴 수 있다는 들고양이를 찾으려고 시골에 가지만 오히려 가짜 수일이의 손톱이 든 빵을 먹고 쥐로 변해 버린다. 그곳에서 사람들에게 버려져 도둑고양이 신세가 된 방울이를 만난다. 방울이는 아무에게도 길들여지지 않는 진짜 수일이가 되라고 말한다. 수일이는 집으로 돌아가 진짜 수일이인 자신의 자리를 찾기로 다짐한다.

5학년 교과서에 수록된 동화이다. 예전부터 어른들은 "밤에 손톱 깎지 말아라. 쥐가 먹으면 사람 된다"라고 하셨다. 수일이와 수일이는 이러한 옛이야기에 기초를 두고 있다. 학업에 스트레스받고 있는 아이라면 아마 수일이의 마음을 백 퍼센트 이해할 것이다. 수학 학원이 끝나면 영어 학원에, 또 논술 학원에 가야 하는 아이들은 또 다른 수일이를 꿈꾸지는 않을까? 하지만 자신의 존재를 부정당하자 다시 자기 자리를 찾고 싶었고, 그 상황에서의 혼란스러운 마음을 느끼는 수일이를 보면서 '진짜 나다운 것은 무엇일까?'에 대해 많은 생각을 하게 될 것이다.

숨 막히는 궁궐의 생활이 힘들어 자유로운 거지가 되고 싶던 '왕자와 거지'의 왕자처럼 우리 아이들이 지금 현실에서 벗어나 새로운 세상을 갈망할 때 '다시 돌아올 수 없다면?' 어떻게 해야 할지 아이들이 고민하는 과정에서 사고의 폭이 확장될 것이라 생각해 본다.

Ⓐ 스스로 '나다운' 삶을 만들어 가 보세요.

'나답게'는 누구에게도 길들여지지 않고 내 삶을 스스로 만들어 가는 것이라고 생각해요. 수일이는 가짜 수일이를 길들이려고 했지만 오히려 가짜 수일이가 진짜 수일이를 길들여요. 그러나 진짜 수일이는 애완묘가 아닌 고양이답게 사는 방울이를 만난 후 깨닫죠. 지금 수일이의 모습은 '쥐'지만 들고양이를 무서워하지 않는 건 내가 쥐가 아니라 수일이기 때문이라는 것을요. 여러분은 '나'라서 지금 이 자리에 있는 것이고 스스로의 의지대로 살고 있어요. 앞으로도 여러분이 행복하게 '꿈'을 펼치며 살기 바라요.

부모와 아이의 인사이트 확장을 위한 TIP

• 만약 나와 똑같은 내가 생겨 버린다면 나는 어떻게 '나'임을 증명할 수 있을까요? 부모님과 나만 아는 비밀 암호를 만들어 동그라미 안에 그리거나 써 보세요.

예를 들면 태명, 부모님이 부르시는 별명 등이 있겠죠.

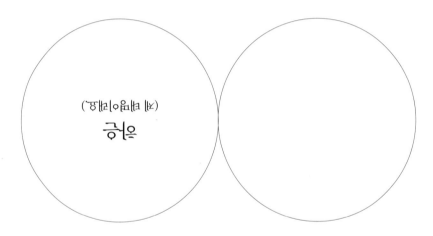

• '수일이와 수일이'는 '열린 결말'의 동화예요. 수일이가 진짜 자신의 자리를 찾으려고 집으로 돌아가는 것에서 이야기가 끝나게 됩니다. '방울이', '덕실이'와 함께 가짜 수일이를 잡으러 출발한 수일이는 어떻게 되었을까요? 뒷이야기를 써 보면서 수일이와 수일이의 새로운 작가가 되어 보세요.

복제인간 윤봉구 ★세종도서_(구)문화체육관광부 우수 도서

글, 그림 임은하, 정용환 출판사 비룡소 연계 교과 국어, 과학 6

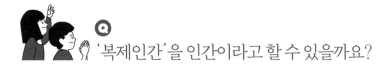
'복제인간'을 인간이라고 할 수 있을까요?

책 속으로

'나는 네가 복제인간이라는 사실을 알고 있다.'

어느 날 윤봉구는 한 통의 편지를 받는다. 이미 자신이 복제인간이 아닐까 고민하던 봉구는 누군가가 자신의 비밀을 알고 있다는 데 두려움을 느낀다. 곧, 세상 모두가 자신이 지구 최초의 복제인간이라는 사실을 알게 될지 모르고, 그렇다면 가족과 헤어져 혼자 어딘가로 끌려가게 될지도 모른다는 공포심도 가득 느끼면서 말이다. 면을 뽑아내는 요리사의 손에서 밀가루 반죽이 두 가닥으로 다시 네 가닥으로 다시 여덟 가닥으로 똑같은 굵기의 똑같은 면들로 탄생하는 것처럼 봉구는 홀로 가슴앓이 중이다.

봉구를 복제인간으로 만든 사람은 봉구의 엄마였다. 엄마는 천재 과학자로 줄기세포를 연구하던 중 복제 실험을 강행했다. 봉구는 자신을 복제인간으로 만들어 낸 엄마를 원망하고 슬퍼하기보다는 짜장면 마니아답게 짜장면에 빠져 산다. 봉구는 짜장면 덕후로 세계 최고의 짜장면 요리사를 꿈꾸며 동네의 숨은 맛집 '진짜루'에서 짜장면을 배우면서 최고 요리사가 되리라는 꿈을 놓지 않는다.

짜장면에 빠져서 중국집이 보이면 들어가 맛보는 짜장면 덕후 윤봉구, 자기 때문에 동생이 복제되었을지도 모른다는 생각에 상처받는 봉구의 원본이자 형인 민구, 천재 과학자였지만 과학자의 길보다 '엄마'를 선택한 윤인주 박사, 쉴 새 없이 떠드는 수다쟁이 의리파인 강소라, '진짜루'의 후계자이자 어설픈 셰프 소라 아빠와 절대 보스인 회장님이 사람 사는 냄새를 풍긴다.

과연 편지를 보낸 사람은 누구일까? 봉구는 범인을 찾기 시작하고 그 속에서 엄마와 형의 진심 어린 사랑을 느끼면서 진짜 자신을 발견해 나간다.

시크릿한 책 속 비밀

누군가의 삶을 위해 희생되어도 괜찮은 존재가 있을까? 고학년이 되면 '인간 복제를 찬성하는가, 반대하는가?'를 주제로 토론을 해야 하는 경우가 있다. 이 책을 읽은 아이라면 논제에 대한 이해는 물론이고 스스로 판단해 볼 시간이 충분했을 것이다.

봉구의 엄마 윤인주 박사가 과학자로 해서는 안 되는 행동을 했지만 진정 봉구를 사랑하는 모습을 보면 인간 복제의 윤리적인 문제뿐만 아니라 인간이기에 느끼는 복잡한 감정에 대해서도 생각해 보게 될 것이다. 또 봉구의 비밀을 아는 누군가가 봉구를 쫓고 있다는 긴장감을 느끼며 함께 범인을 찾아가면서 인간 복제에 대한 논란과 미래 사회에서 일어날 수 있는 사회 문제를 진지하게 상상하고 고민해 볼 수도 있을 것이다.

인간 복제는 인류에게 선물일까? 재앙일까?

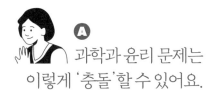

과학과 윤리 문제는 이렇게 '충돌'할 수 있어요.

미래 사회의 과학 기술이 발전하면서 복제인간을 만들어 내는 일은 인류의 고민거리가 될 거예요. 질병의 치료나 인간이 할 수 없는 위험한 일을 하기 위해 '복제인간'을 생산해 낼지도 모르지요. 그럼, 복제인간은 인간이 사용하는 물건 같은 것일까요? 복제인간도 스스로 판단하고 생각할 수 있다면 인간이라고 봐야 할까요? 복제인간이 인격과 감정을 가졌다면 인간이라고 볼 수 있을까요? 판단은 여러분이 해 보길 바라요.

부모와 아이의 인사이트 확장을 위한 TIP

- 여러분에게는 요즘 어떤 고민거리가 있나요? 그림의 퍼즐 낱말 칸에 여러분의 머릿속 고민을 써 보세요.

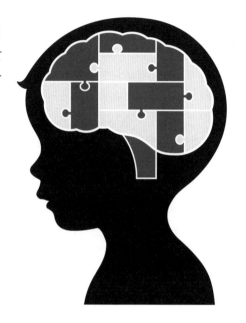

- 봉구는 '절대 미각'이라 인정받는 짜장면 덕후인데요. 여러분은 어떤 분야에서 무엇으로 인정받고 싶나요? 그 재능으로 무엇을 하고 싶나요?

나는 '절대 _____ '이다.

나는 '절대 _____ '이기 때문에

앞으로 '_____ '으로 인정받을 것이다.

• 인간 복제에 대해 찬성이나 반대 의견을 써 보세요. 어떤 점이 좋고 어떤 점이 나쁠까요?

인간 복제를 찬성합니다.	인간 복제를 반대합니다.
영국의 국회의원 테스 터너는 "살릴 수 있는 아이를 죽게 내버려 두는 것은 더 비인간적인 행위"라고 했다. 영국에서는 치료를 위해 맞춤형 아이를 허용했다.	인간의 건강을 위해 복제인간을 만들고 이용한다면 복제인간의 인권과 존엄성은 어떻게 지켜 줄 것인가?
왜냐하면	왜냐하면

서찰을 전하는 아이 ★한국문화예술위선정 우수 문학

글, 그림 한윤섭, 백대승   출판사 푸른숲주니어   연계 교과 국어 5

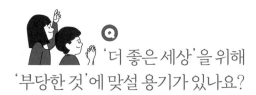

'더 좋은 세상'을 위해 '부당한 것'에 맞설 용기가 있나요?

책 속으로

　　아이는 보부상의 아들이다. 아버지와 함께 이곳저곳을 걸어 다니며 물건을 판다. 그러던 어느 날 북한산의 스님으로부터 중요한 서찰을 받게 되는데 전달할 목적지가 전라도이다. 아이와 아버지는 종일 걷다가 민박집에 들어가 하룻밤을 지내는데 밤새 아버지가 돌아가셨다. 슬픔을 뒤로 하고 아이는 '한 사람을 살리고 세상을 살릴 서찰'을 전달하기 위해 혼자 전라도로 향한다.

　　서찰의 내용을 모르는 아이는 가는 길마다 한문을 잘 아는 사람에게 한 가지씩 대가를 치루면서 누구에게 보내는 서찰인지를 알게 되고 서찰의 뜻도 알게 된다. 그러다 절에서 관군을 피해 숨어 있던 녹두 장군 전봉준을 만나게 되고 직접 서찰을 전한다. 서찰에는 전봉준이 피노리라는 곳에 가면 믿었던 김경천에게 잡혀 죽게 된다는 내용이 적혀 있었다. 아이는 전봉준을 가지 못하게 하는데 전봉준은 동지를 믿지 못하면 세상을 구할 수 없다는 신념에 따라 피노리로 향하고 그곳에서 일본군에 잡혀 모진 고문을 당하다 죽게 된다. 아이가 언덕에 올라 하얀 눈이 쌓인 걸 본다. 그것은 눈이 아니라 흰옷을 입고 싸우다 전사한 동학농민군이었다.

　　이후 아이는 더 좋은 세상을 만들기 위해 목숨을 버리며 싸우는 이들을 만나며 '용기'를 얻는다. 비록 전봉준 장군은 돌아가셨지만 남은 후예는 여전히 더 좋은 나라를 만들기 위해 노력하고 있다.

시크릿한 책 속 비밀

> 서찰을 전하는 13살 아이의 여정을 함께하며 또래의 아이들은 '나라면? 어떤 선택을 할 것인가?'라는 질문에 답을 찾아갈 것이다.
>
> '정의란 무엇인가? 이렇게도 목숨을 버리면서 지킬 가치가 있는 것인가?' 올바른 삶에 대해 고민도 해 볼 것이다.
>
> 이 책 속 인물들의 여정은 우리 모두에게 울림을 준다. 우리 아이들이 살면서 마주칠 세상의 모순 앞에 좌절하지 않고 당당히 맞서는 용기를 배울 수 있다. 넘을 수 없는 벽에 부딪혔을 때 절망의 늪에 빠지지 않고 그곳에서 희망을 찾을 수 있도록 '용기'를 준다. 이 사회와 역사를 어떻게 바라봐야 할지, 또 아이의 용기와 전봉준 장군의 용기를 통해 내가 사는 세상이 얼마나 많은 사람들의 희생으로 만들어졌는지도 깨닫게 될 것이다.

A 여러분의 '용기'가 세상을 조금씩 변화시켜요.

부당한 세상에 맞설 용기가 있나요?

어린이에게 부당한 세상을 직접 바꿀 수 있는 힘은 없어요. 힘을 키워야 세상을 바꿀 수 있는 사람이 되는 겁니다. '나비효과'라는 말을 알고 있나요? 어느 한 곳에서 일어난 작은 나비의 날갯짓이 뉴욕에 태풍을 일으킬 수 있다는 이론이에요. 여러분은 아직 어린이라 세상을 바로 바꾸지는 못할 거예요. 용기를 가지고 나비의 날갯짓을 해 보세요. 조금씩 세상을 변화시키기 위해서 말이죠.

부모와 아이의 인사이트 확장을 위한 TIP

• 동학농민군이 바라는 세상은 어떤 모습이었을까요? 생각해 본 적이 있나
요? 여러분이 살고 싶은 세상에 대해 써 보세요.

_____

_____

_____

• 소년이 마지막으로 부른 노래예요. 전봉준 장군은 녹두 장군으로 불리었
어요. 소년뿐 아니라 당시 사람들은 슬펐지만 관군이 무서워 숨죽여 이 노
래를 불렀다고 해요. 한번 써 볼까요?

> 새야 새야 파랑새야
> 녹두밭에 앉지 마라
> 녹두 꽃이 떨어지면
> 청포 장수 울고 간다.

> 새야 새야 파랑새야
> 녹두밭에 앉지 마라
> 녹두 꽃이 떨어지면
> 청포 장수 울고 간다.

• 여러분 손에 지금의 세상을 구할 서찰이 있습니다. 어떤 내용의 글이 쓰여 있다면 현재 세상을 행복하게 할 수 있을까요?

_____

_____

_____

_____

_____

_____

_____

_____

잘못 뽑은 반장 ★행복한아침독서 추천 도서

글, 그림 이은재, 서영경   출판사 주니어김영사   연계 교과 국어 5

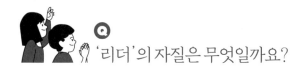

'리더'의 자질은 무엇일까요?

책 속으로

이로운은 모든 것이 불만이다. 이름은 '이로운'이지만 별명이 '해로운'인 그야말로 말썽꾸러기이다. 로운이는 자신과 쌍둥이로 태어났지만 장애를 가진 누나도 자신을 싫어하는 친구들과 선생님도 누나만 예뻐하는 엄마도 싫다.

2학기가 시작되고 학교에 갔는데 자신과 짝이 되기 싫어하는 여자아이들을 보고 울컥해서 얼결에 반장 선거에 나가기로 한다. 그리고 협박과 회유의 힘으로 반장이 된다. 엄마조차 로운이가 반장이 되었다는 말을 믿지 못한다. 막상 반장이 되고 보니 챙겨야 할 일들이 너무나 많다. 급식 챙기기, 우유 먹어 주기, 깡패 형들에게 맞서 싸우기, 소소한 학급일 같은 것 말이다.

로운이는 자신을 믿어 주는 누나와 1학기 반장인 제하가 비웃는 모습을 보자 점점 반장 일을 제대로 하고 싶은 욕심이 생긴다. 눈엣가시처럼 여기던 루리에게도 마음을 열고 학교에 나오지 않는 제하를 먼저 찾아가고 괴롭힘당하는 반 친구들을 도와준다. 이렇게 소소한 학급 문제를 해결하면서 이로운은 '필요한 사람이 되는 것'이 얼마나 기쁜 일인지 깨닫는다. 더불어 장애인 누나에 대한 미움도 사라지고 가족을 더욱 사랑하게 된다.

가을 학예회를 성공적으로 마치면서 로운이는 진정한 반장이 된다.

시크릿한 책 속 비밀

> 이 책은 진정 '이로운' 아이가 되어가는 주인공을 통해 누군가에게 필요한 사람이 되는 것이 얼마나 기쁜 일인지 알려 준다. 리더란 어떤 역할을 해야 하며 리더에게 필요한 자질은 무엇인지도 생각해 보게 한다.

학교생활 중 흔히 일어나는 사건에 다른 친구들은 어떤 마음으로 임하는지를 엿볼 수 있는 책이어서 아이들의 마음도 어루만져 준다. 아이들은 로운이의 변화를 보면서 바른 리더에 대한 가치관을 갖고 좋은 친구, 더 나아가 좋은 사람이란 어떤 역할을 해야 하는지 배울 수 있다.

'해로운' 로운이를 진정한 '이로운' 반장으로 변화시킨 건 주변의 격려와 믿음, 사랑이었다. 내가 어떤 격려의 말로 친구를 성장시킬 수 있을지 고민해 보고, 나도 어떤 격려를 받으면 지금보다 더 좋은 사람으로 성장할 수 있을지 생각할 거리를 던져 준다.

내 이익보다 집단의 이익을 위해 희생하는 사람이지요.

진정한 리더는 올바른 판단으로 자신의 이익보다는 자신이 속한 집단을 함께 성장시키는 일을 하는 사람이지요. 여러분 주변에도 진정한 리더가 있나요? 진정한 리더가 있다면 그 분을 멘토로 정하고 어떤 일을 어떻게 하시는지 살펴보세요. 여러분에게 삶의 방향을 제시해 줄 거예요. 어려움을 어떻게 헤쳐나가는지 큰 성공을 거두었을 때 주변의 칭찬에 어떻게 반응하는지를 보고 그대로 따라 하다 보면 여러분도 큰 사람이 되어 있을 거랍니다.

부모와 아이의 인사이트 확장을 위한 TIP

• 내가 반장이나 회장 선거에 나가게 된다면? 왼쪽에는 포스터를 오른쪽에
  는 멋진 공약을 만들어 보아요.

공약:

① _____

② _____

③ _____

④ _____

⑤ _____

_____

_____

회장 후보 (   ) 인

• 잘못 뽑은 반장으로 6행시를 만들어 보아요.

잘 _____

못 _____

뽑 _____

은 _____

반 _____

장 _____

뻥튀기 ★교과서 수록 도서

글, 그림 고일, 권세혁   출판사 주니어이서원   연계 교과 국어 6-1

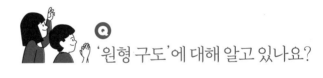

'원형 구도'에 대해 알고 있나요?

책 속으로

> "뻥이요. 뻥!"
>
> 뻥튀기 아저씨가 둥근 가마에 불을 지피고 빙글빙글 돌리면 구수한 향기가 온 동네를 가득 채운다. 통 안에 금빛 옥수수를 넣으면 마치 하늘에서 강냉이 눈이 내리는 것 같다.
>
> 옥수수, 쌀, 보리, 밀, 콩, 고구마, 가래떡, 누룽지 모두 다 뻥튀기 기계의 단골손님이다. 뻥튀기 기계가 돌면 한가득 나비가 날고 함박눈이 내리고 봄날 꽃잎이 흩날리고 아름다운 것들이 가을날 메밀꽃·새우·멍멍이 냄새와 함께 우리 마음을 쿵쾅쿵쾅 흔든다. 뻥튀기 아저씨 입에도 친구들 입에도 모두 한입 가득 행복이 들어차고 입가에는 미소가 가득 찬다.

이 책은 6학년 1학기 '비유하는 표현 살펴보기' 차시에 나오는 제재이다. 뻥튀기를 읽고 비슷한 경험을 이야기 나눠 보기, 그림을 보고 질문에 답하기, 비유적 표현 찾기, 뻥튀기를 다른 사물에 비유하여 표현하고 표정이나 몸짓으로 나타내기, 더 나아가 자신이 표현하고 싶은 대상을 골라 비유하는 표현으로 소개하는 활동까지를 다룬다.

'뻥튀기'는 고학년이 읽기에는 다소 글밥이 적다. 대신 화려한 비유적 표현과 살아 움직이는 듯한 그림 속 사람들이 있어 속독보다는 정독하며 감상하길 추천한다. 또한 '뻥튀기'에 대한 부모의 추억을 아이와 함께 나누면 아이는 '뻥튀기'라는 신기한 세상을 상상하며 행복해할 것이다.

A
동그란 무대에 사람들이 자리 잡은 것처럼
안정감을 주는 구도예요.

『뻥튀기』는 민속화를 보는 것 같아요. 뻥튀기 기계를 둘러싼 사람들의 모습이 마치 단원 김홍도의 '씨름도'와 '춤추는 아이(무동)'와 많이 닮아 있지요. 동그란 무대 위에 사람들이 자리잡은 것처럼 보여요. 이렇게 보이는 장치를 미술에서는 '원형 구도'라고 해요. 이런 구도는 원만하고 부드러운 느낌을 주기 때문에 우리 마음에 안정감을 주지요. 또 우리나라 사람들의 마음속에 익숙해서 그림을 그릴 때 저절로 표현되기도 하지만 순간의 장면을 가장 효과적으로 표현할 수 있는 최고의 방법이기도 합니다.

• 여러분 '뻥튀기'를 먹어 본 적이 있나요? 작은 알갱이가 기계 안에 들어갔다 나오면 크게 부풀어 나오지요? 여기 뻥튀기 기계가 있습니다. 뭐든 넣으면 몇 배로 부풀어져 나오는데, 뭘 넣고 싶나요? 이유는 무엇인가요? 두 가지 예를 들어 볼게요.

미술 재능: 저는 화가가 되고 싶은데 아직 그림을 잘 못 그려요. 그래서 제 실력이 더 좋아졌으면 좋겠어요.

금: 황금알을 낳는 거위처럼 금이 뻥 튀겨져서 나오면 부모님께 드리고 싶어요.

뻥튀기 기계에 넣고 싶은 것은 _____

(   )이다.

왜냐하면 _____

_____

_____

• 『뻥튀기』의 두 번째 이야기는 『아프리카에 간 뻥튀기 아저씨』예요. 아저씨
는 뻥튀기 기계를 들고 아프리카에 가서 아프리카의 동물 친구들과 총을
둔 군인들에게 뻥튀기를 나눠 주죠. 모두 뻥튀기를 기다리면서 강강수월
래도 하고 즐겁게 춤도 추면서 하나가 된답니다. 총도 내려놓아요. 아저씨
의 '뻥튀기'로 모두 하나가 되지요.

이 세상에 또 '뻥튀기'아저씨가 찾아가야 할 곳이 있다면 소개해 주세요.
이유도 함께 적어 주면 여러분의 생각은 점프 업 될 거예요.

뻥튀기 아저씨는 여러분이 부르면 어디든 달려가신답니다.

아저씨! (   )로 와 주세요.

왜냐하면 _____

_____

_____

                                         때문이에요.

마음의 온도는 몇 도일까요? ★교과서 수록 도서

글, 그림 정여민, 허구   출판사 주니어김영사   연계 교과 국어 5

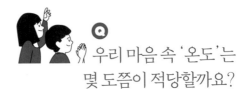 우리 마음 속 '온도'는
몇 도쯤이 적당할까요?

책 속으로

　SBS 프로그램 「영재 발굴단」에서 '문학 영재'로 소개된 정여민 군이 쓴 시를 엮어 만든 그림 시집이다. 우리 삶에서 가족의 사랑이 얼마나 중요한지, 자연은 우리를 얼마나 포근하게 품어 주는지, 순리대로 주어진 환경을 받아들이고 담담히 이겨 내는 것이 얼마나 큰 용기인지를 보여 주는 작품들이 담겨 있다.

　어린 작가는 별이 아름다워 밤하늘 보호 구역으로 지정된 경상북도의 작은 마을에 살고 있다. 자연의 변화에 귀 기울이며 민들레, 굴뚝 연기, 진돗개, 숲길, 바람과 친구하며 그들에게서 시적 영감을 얻는다.

　암 3기를 선고받고 자연 속에서 다시 건강해져야 하는 엄마와 직장을 그만두고 엄마를 보살피는 아빠, 그런 가족의 희생이 미안하기만 한 엄마. 그런 모두의 모습을 바라보는 소년 작가는 누구보다 성숙한 어른같기도 하다. 그렇지만 내면의 한없이 순수한 어린아이는 아름다운 시를 써 내려간다.

5학년 국어 '경험을 떠올리며 시 쓰기'의 제재로 정여민 군의 '꽃'이 소개되어 있다. 또래의 친구가 낸 시집을 읽는다는 건 어떤 느낌일까? 글쓰기를 좋아하는 아이들에게는 긍정적인 자극을 줄 것이며 글쓰기에 서툰 친구들에게는 배움이 될 것이다. 어른들은 가족 사랑을 느끼며 자연의 품속에서 위로를 받게 될 것이다. 정여민 군이 출연한 「영재 발굴단」 자료 영상을 함께 찾아보는 것도 도움이 될 것이다.

'시'는 좋은 대학을 나온 어른들만 쓸 수 있는 전유물이 아니라 누구든 세상을 바라보는 아름다운 마음이 있다면 쓸 수 있다. 우리 주변에서 글감을 찾아보고 마음 속 동심을 깨워 보자.

Ⓐ 누군가를 따뜻하게 해 줄 정도의 온도면 좋겠어요.

사람의 체온은 거의 36.5℃예요. 그래서 사람을 정온 동물(定溫動物)이라 하죠. 개구리, 뱀, 붕어와 같은 변온 동물들은 주변 온도 변화에 따라 온도를 조절해요. 늘 36.5℃의 항상성을 유지하는 인간의 마음 온도도 늘 이렇게 같을까요?

선생님은 '마음의 온도'가 추운 날 따스함을 주고 더운 날 선선한 바람이 되어 줄 수 있는 정도의 '온기'였으면 좋겠어요. 누군가에게 '위로'가 되는 '온기' 말이지요. 여러분이 주변 사람들에게 어느 날은 뜨거울 정도의 열정을 주고 어느 날은 차가운 조언도 해 줄 수 있는, 그렇지만 그 누구도 상처받지 않게 따뜻한 사람이 되면 좋겠어요.

부모와 아이의 인사이트 확장을 위한 TIP

• 여러분 마음의 온도는 몇 도인가요? 아래 그림처럼 온도계에 마음의 온도
를 표시하거나 글로 풀어서 적어 보고 그 이유를 써 보세요.

내 마음의 온도는 (   )도 입니다.

왜냐하면

때문입니다.

• 따뜻한 세상이 되기 위해 빈칸에 필요한 마음의 보석을 채워 생각을 점프 업 해 보세요.

따뜻한 세상을 만드는 단어

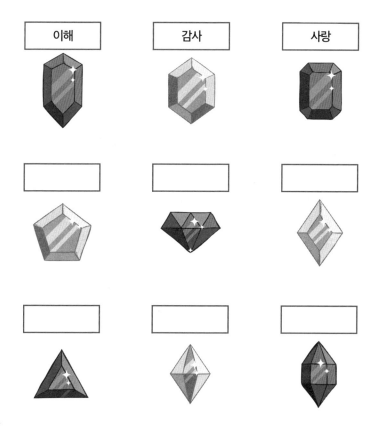

| 이해 | 감사 | 사랑 |

악플전쟁(마녀사냥) ★한우리열린교육 필독서

글, 그림 이규희, 한수진 출판사 별숲 연계 교과 5-2 국어(나)

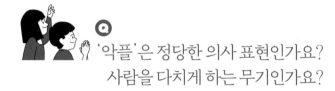

'악플'은 정당한 의사 표현인가요?
사람을 다치게 하는 무기인가요?

책 속으로

5학년 5반에 서영이라는 친구가 전학을 왔다. 서영이는 평소 학급에서 왕따를 당하던 민주 옆자리에 앉게 된다. 서영이는 좋은 집안 환경, 붙임성 좋은 성격과 피아노 실력으로 반 아이들의 관심을 한 몸에 받게 되고 민주는 그런 서영이가 부럽기만 하다. 연예인 활동을 하는 미라는 자신에게 쏟아져야 할 관심을 서영이에게 뺏긴 것 같아 질투가 폭발한다.

서영이의 생일 파티 날 미라와 짱오 그룹 아이들은 서영이를 놀리기 위한 선물을 준비하고, 미라는 자신이 운영하는 인터넷 카페에 서영이의 신상에 대해 의문을 제기하는 익명의 글을 올린다. 며칠 뒤 서영이는 카페에 들어가 자신에 대한 글을 읽고 충격을 받는다. 서영이의 반박 글에도 불구하고 서영이를 공격하는 익명 글은 멈추지 않는다.

반장인 진우는 서영이를 두둔하기 위해 카페에 글을 올리고 이를 본 미라는 더욱 화가 나 왕따인 민주까지 조종해 서영이를 도둑으로 몰아세운다. 그 충격으로 서영이는 교통사고까지 당한다. 민주는 서영이의 교통사고가 자기 때문인 것 같은 죄책감에 5학년 5반 공식 카페에 모든 사실을 고백한다. 이 사실을 알게 된 선생님과 서영 엄마는 놀라고 민주와 미라는 크게 혼이 난다.

시크릿한 책 속 비밀

5학년 2학기 '매체 자료의 특성을 생각하며 이야기를 읽고 현실 세계와 비교하기' 단원의 제재로 사용되는 '마녀사냥'의 원작이다.

요즘 학교에서는 미디어 교육부터 저작권, 선플 달기 교육 등을 창의적 체험 활동 시간을 활용해 올바른 인터넷 문화를 가르치고 있다. 그래서 아이들은 기본적으로 '악플' 문제를 잘 알고 있으며 그것이 사이버 범죄라는 것도 인식하고 있다.

이 책은 아이들에게 악플로 대표되는 인터넷 문화 폐해의 원인과 결과에 대해 고민해 볼 기회를 주고, 인터넷상에서의 예절과 관련된 토론거리를 제공해 줄 것이다. 또 인터넷의 익명성에 숨어 거짓과 욕설로 상대의 인격을 파괴시키는 '악플'의 문제점을 드러내 사람을 대하는 진실한 태도를 알려 줄 것이다.

내가 들어 아픈 말은 상대방도 다치게 해요.

'이쁜 척한다', '쟤가 어떠하다고 하더라' 등 억측성 댓글이나 상대를 질투하고 비아냥거리려고 쓴 댓글은 악플이에요. 악한 마음으로 쓴 글이기 때문이죠. 연예인들은 심한 악플로 고통을 받다가 IP를 추적해 악플러를 잡아내기도 해요. 악플러는 자신이 얼마나 큰 잘못을 저질렀는지 자신에게 처벌이 가까워지면 깨닫고 사과를 하기 시작하죠.

'키보드 워리어(keyboard warrior)'라는 말을 들어 본 적이 있나요? '워리어'는 '전사' 즉, 전쟁을 하는 군인이라는 뜻이에요. 컴퓨터 키보드로 누군가와 싸우는 전사를 말하죠. 어떤 상황에 의견을 다는 건 괜찮지만 상대의 기분을 상하게 하거나 잘못된 정보를 올리고 나쁜 마음으로 댓글을 단다면 그건 처벌받을 수도 있는 악플이라는 것을 명심하길 바라요.

부모와 아이의 인사이트 확장을 위한 TIP

• 실제 일어났던 사건을 읽고 댓글을 달아 보세요.

입력 2023-00-00 00:00:00   수정 2023.00.00 00:00:00   ○○○ 기자

임신 6개월 차 임산부가 인터넷에 글을 올렸다.

"한 식당에서 자신이 임신 6개월이라고 밝혔음에도 종업원에게 배를 걷어 차였고 사장으로 보이는 사람은 방관만 하고 있었다. 나중에 경찰과 119에 신고를 하였는데 경찰도 합의를 종용했다."

"임신부를 건드렸으니 살인 미수 아님?", "도대체 가맹비 받아서 가맹점 관리는 어떻게 한 거냐?" 등의 비난이 쏟아졌고, 전국적으로 파장이 일었다. 해당 점포는 폐업될 것이고 대표 이사와 임직원은 글쓴이에게 사과했다. 회사는 임신부와 태아에게 일어날 모든 법적 책임을 질 것을 약속하는 등 빠른 조치가 이어졌다. 그러나 해당 식당에 대한 불매 운동은 이어졌다.

ㄴ 댓글:

입력 2023-00-00 00:00:00 수정 2023.00.00 00:00:00 ○ ○ ○ 기자

CCTV 및 목격자 확인 결과 먼저 욕설을 퍼붓는 등 시비를 건 것은 임신부 쪽이었고 겨울이라 두꺼운 외투를 입고 있어 임신부라고는 차마 생각지 못했다. 오히려 종업원이 손님에게 머리채를 잡히고 배도 차였다.

또한 주인은 적극적으로 싸움을 말리고 넘어진 손님을 일으켜 주기도 하였다. 이 모든 상황은 CCTV로 확인되었다는 것이다. 이로 인해 비난의 화살은 180도 방향을 돌려 해당 임신부에게 돌아가기 시작하였다.

ㄴ 댓글:

★ 마녀사냥이란:
어떠한 사람에게 죄를 뒤집어 씌우는 것을 비유적으로 말한다. 프랑스를 구한 영웅으로 추앙받는 '잔 다르크'도 당시 마녀재판을 받고 처형당했다.

구멍 난 벼루 ★세종도서_(구)문화체육관광부 우수 도서

글, 그림 배유안, 서영아   출판사 토토북   연계 교과 국어 6-2

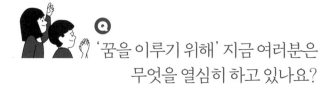

'꿈을 이루기 위해' 지금 여러분은
무엇을 열심히 하고 있나요?

책 속으로

"스승을 찾아내고 스스로 제자가 되어라."

이 책은 허련 선생이 우연히 만난 꼬마 아이의 질문을 받고 자신의 스승이
었던 추사 김정희와의 추억을 회상하며 이야기를 진행하는 방식이다.

조선 후기 문인이자 화가였던 김정희는 시와 그림, 서예와 금석학에 뛰어난
실력을 보인 당대 최고의 예술가였다. 그에게는 벗과 제자가 많았지만 잊지
못할 제자 허련이 있었다. 허련은 당파 싸움으로 낯선 제주도에서 유배 생활
을 시작하게 된 김정희를 찾아가 시중을 들었던 유일한 제자였다. 하지만 김
정희는 처음에는 허련을 제자로 받아 주지 않고 '스승을 찾아내고 스스로 제
자가 되라'고 말한다. 결국 허련은 스승 김정희가 박제가와 같은 훌륭한 스승
을 섬기기 위해 열정을 다했던 것처럼 부지런히 책을 읽고 화첩을 연구해 자
신만의 예술 세계를 펼쳐 나간다. 이를 기특하게 여긴 김정희는 제주도 유배
시절뿐 아니라 죽을 때까지 허련에게 글씨와 그림을 가르치게 된다.

얼마나 먹을 갈았으면 저 단단한 돌에 구멍이 날까? 허련은 경이로운 눈으
로 추사 선생을 보았지만 추사는 벼루에 구멍을 열 개쯤 내 봐야 겨우 보이는
게 있다며 무심한 듯 말한다. 추사의 성실함과 근면함, 글자 하나를 수십 번 수
백 번 연습하는 모습에 허련은 추사를 존경하는 마음이 절로 들었다. 허련도
스승의 뒤를 따라 시간을 아껴 가며 책을 읽고 화첩을 보고 그림을 그렸다. 추
사는 욕망해야 이룰 수 있다며 허련을 격려해 주고 기꺼이 디딤돌이 되어 주
었다. 결국 허련은 추사에게 최고의 찬사를 들으며 인정받는다.

시크릿한 책 속 비밀

이 책은 6학년 2학기 '작품을 읽고 인물이 추구하는 삶 파악하기' 단원의 제재로 등장한다. 단단한 돌덩이 벼루에 먹을 갈아 먹물을 만드는 건 누구나 하는 일이다. 하지만 글과 그림 연습을 얼마나 성실하게 하면 벼루에 구멍을 뚫을 수 있을까? 책 제목만 봐도 인물이 어떤 삶을 추구하는지 알 수 있을 것이다.

'노력'이라는 말은 참 상대적이다. 뼈를 깎는 노력을 하고도 겸손한 사람은 조금 노력했다고 할 것이고, 설렁설렁 평상시보다 조금 더 노력을 기울인 것을 노력했다고 생각하는 사람도 있을 것이다. 단단한 돌에 구멍을 열 번이나 낼 정도로 노력한 삶을 보면 진정한 '노력'을 수치로 엿볼 수 있지 않을까? 훌륭한 스승과 스승을 따라 열심히 노력하는 제자 허련을 보면서 꿈을 이루기 위해 우리는 얼마나 노력을 해야 하는지 아이들은 깨달을 수 있을 것이다. 때로는 100번의 말보다 위인들의 삶 자체가 큰 울림이 될 수도 있다.

A 단단한 '벼루'를 구멍 낼 정도로 뭐든 열심히 하고 있지요?

'꿈꾸지 않으면 사는 게 아니다'는 말도 있어요. 인간은 '꿈'을 꿔요. 꿈을 이루려고 치열하게 노력도 하죠. 여러분의 꿈은 무엇이며 그 꿈을 이루기 위해 어떤 일을 하고 있나요? 지금 이 책을 읽고 있는 것도 여러분 꿈에 한 발짝 다가가고 있는 것이라고 생각해요. 시간을 허투루 보내지 않고 꿈을 이루기 위해 공부하는 일, 운동하는 일, 생각하는 일을 모두 단단한 벼루에 구멍을 내는 마음으로 열심히 하길 바라요.

부모와 아이의 인사이트 확장을 위한 TIP

• 여러분에게도 기억에 남는 선생님이 계신가요?

나는 (　　　　　　　　) 선생님이 기억에 남는다.

왜냐하면

- 여러분의 꿈은 무엇인가요? 그 꿈을 이루기 위해 무엇을 하고 있나요?

  아래 그림처럼 작은 씨앗에 여러분의 이름을 쓰고 햇빛과 물방울에 꿈을
  이루기 위한 노력을 써 봅니다. 다 자란 나무에는 꿈을 이룬 여러분의 모
  습을 말주머니에 '동사'로 써 보세요. 예를 들어 볼게요. "사람들에게 행복
  한 노래를 들려주는 가수가 되어서 나도 기쁘다." "세상의 아름다운 것들
  을 도화지에 담는 화가가 되어 행복하다." "사람들의 생명을 살리는 의사
  가 되어 하루하루를 보내고 있어 보람차다."

나는 비단길로 간다 ★교과서 수록 도서

글, 그림 이현, 백대승   출판사 푸른숲주니어   연계 교과 국어 6-2, 사회 5

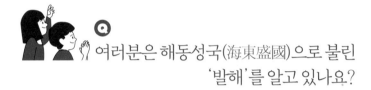

Q 여러분은 해동성국(海東盛國)으로 불린 '발해'를 알고 있나요?

책 속으로

발해 사람 홍라는 금씨상단★ 대상주★인 어머니를 따라 무역길에 나섰다. 바다에서 풍랑을 만나 배는 난파되고 상단의 물건은 바닷속으로 사라지고 사랑하는 어머니 또한 잃는다. 어린 홍라에게 남은 건 어마어마한 빚과 상단이 맡고 있던 교역★ 물자에 대한 책임이었다. 홍라는 좌절하지만 어머니께서 위급시 살펴보라며 주셨던 묘원★의 열쇠를 생각해 낸다. 묘원 속에는 '소그드★의 은화'가 가득 있었다. 홍라는 솔빈★의 소그드 마을에 가서 은화를 팔고 솔빈의 말을 사기로 한다. 솔빈의 말을 당나라 장안★으로 가져가면 비싼 값을 받을 수 있고 그 돈으로 비단을 싸게 사서 팔면 몇 배의 이문(이익)을 남길 수 있다.

홍라는 교역을 떠나기로 한다. 스스로 금씨상단의 대상주라 칭하고 호위 무사인 친샤와 수습 천문생 월보, 비녕자와 함께 길을 떠난다. 비밀리에 상단을 꾸렸지만 홍라 일행을 주시하던 섭씨 영감에게 탄로가 나 그의 아들인 쥬신타도 홍라의 일행이 된다. 어린 홍라가 떠난 길은 쉽지 않은 여정이었다. 함께 길을 떠난 비녕자에게까지 사기를 당하였으니 말이다. 홍라는 모두를 잃고 홀로 남겨졌다. 홍라는 금씨상단의 모든 것을 빚쟁이 섭씨에게 넘긴 후 남은 돈으로 장사를 해 돈을 모은다. 이제 홍라는 아무도 가지 않은 길을 만들어 가고자 한다. 그리고 세상을 품고 앞으로 나아가고자 한다.

★ 상단: 시장의 상인들이 스스로를 지키기 위해 조직한 무리   ★ 대상주: 큰 상인 집단의 우두머리   ★ 교역=무역: 나라와 나라 사이에서 물건을 사고팔며 서로 교환함   ★ 묘원: (공동)묘지   ★ 소그드: 중앙아시아의 이란계 민족   ★ 솔빈: 발해 시대의 솔빈부, 지금의 연해주 지역   ★ 장안: 중국 당나라의 수도

시크릿한 책 속 비밀

> 6학년 2학기 '자신의 경험을 떠올리며 작품 감상하기'에 나오는 작품으로 국어 교과서에는 '대상주 홍라'가 제제로 실려 있다. 대상주 홍라를 읽고 질문을 만들어 친구들과 묻고 답하기, 인상 깊은 장면과 떠오르는 자신의 경험을 비교하며 글 써 보기 같은 활동을 한다. 어머니를 잃고 무거운 책임을 진 또래 친구 홍라가 어려움을 이겨 나가는 과정이 꽤 흥미롭게 다가올 것이다. 선택의 기로에서 매번 지혜롭게 판단하는 홍라의 결단력과 현명함은 6학년인 자신의 위치에 대한 진지한 고민의 시간도 줄 것이다.
>
> 이 책을 읽는 동안 홍라와 함께 문제를 해결하면서 5,000년 우리 역사 속에 살아 숨 쉬는 해동성국 발해에 더욱 관심을 가져 보길 바란다.

A
발해는 '바다 동쪽의 번영한 나라'인 자랑스러운 우리 역사예요.

고구려가 멸망하자 고구려 사람들은 북으로 올라가 '발해'라는 나라를 만들어요. 발해를 건국한 왕은 대조영으로 고구려의 장군으로 알려졌어요. 발해는 '고구려'의 후예임을 자처하였고 발해 유물을 살펴보면 고구려의 유물과 비슷한 것이 많이 출토되었어요. 중국은 발해를 자신들의 역사라고 말하지만 발해는 우리의 역사가 확실하다는 증거가 이렇게 많답니다.

처음 발해의 영토는 척박했고 발해는 영토를 넓히려 애썼죠. 그 결과 고구려의 옛 땅뿐 아니라 만주 지역과 현재 러시아 영토인 연해주까지도 지배하게 되었답니다.

부모와 아이의 인사이트 확장을 위한 TIP

• 여러분의 경험을 떠올리며 생각을 점프 업 해 볼까요?
  홍라가 중국의 장안을 간다고 하니까 천문생 월보는 매우 신이 났어요. 여
  러분은 언제 잠 못 이룰 만큼 신났던 적이 있었나요? 예를 들면 현장 체험
  학습 가기 전날 같은 경우요. 학예회 전날은 어땠나요? 왜 그렇게 신이 났
  나요?

  나는 (   ) 정말 신이 났다.

  왜냐하면

인사이트 팁: 윤쌤이 나누고픈 한마디!

여자라서 남자라서 키가 작아서 키가 커서 뚱뚱해서 말라서 여러 이유로 여러분이 스스로를 '안 돼'라는 감옥에 가두는 모습을 봅니다. 선생님은 20년 동안 수많은 학생을 보아 왔어요. 작았던 꼬꼬마 친구들이 큰 어른이 되어서 선생님을 찾아왔을 때의 무한 감동은 이루 말할 수 없지요.

여러분은 어리니까 무엇이든지 할 수 있답니다. 어머니를 잃고 홀로 남겨진 홍라는 어리니까 오히려 먼 길을 갈 수 있었어요. 조금씩 가면 되니까요. 꼭 빨리 가야 하는 건 아니에요. 삶은 올림픽 대회에 나가는 육상 선수처럼 누가 골인 지점에 몇 초에 빨리 들어가는지를 기록하는 게 아니랍니다. 시간을 두려워하지 않고 천천히 걸어가면 세상 어디든 갈 수 있어요. 두려움에 맞설 용기는 '어린이' 여러분에게만 주어진 선물이랍니다.

생각 깨우기 ★국립어린이청소년도서관 권장 도서

글, 그림 이어령, 노인경   출판사 푸른숲주니어   연계 교과 국어 6

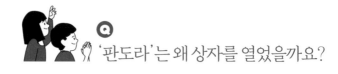

'판도라'는 왜 상자를 열었을까요?

책 속으로

　　대한민국 어린이를 위한 '맞춤형 생각법!'을 제시한 책이다. 저자는 창조성을 깨우는 일곱 가지 생각 도구로 호기심, 관찰, 형상화★, 추리, 고정관념에서 벗어 나기, 숨은 뜻 찾기, 실천을 말한다. 생각에도 훈련이 필요하므로 '그냥'이 아니라 '왜'라고 생각하라고 한다. 자기 안에 물음표가 없어 아무것도 묻지 못하는 사람은 건전지를 넣고 단추를 누르면 북을 치는 곰 인형과 다를 것이 없기 때문이다. 호기심은 모든 생각의 씨앗이라고도 한다. '판도라는 왜 상자를 열었을까?'부터 '에디슨이 작은 호기심으로 세상을 바꾼 이야기', '끈질기고 지독한 관찰자 다윈과 천재 화가 김홍도의 이야기', '보이지 않는 것을 볼수 있게 만드는 힘'에 대해 이야기한다.

　　'왜 그렇게 되었을까?' 추리하고 생각의 틀을 깨면 새로운 세상이 보인다. 수백만 년 동안 생각을 강물처럼 넘쳐흐르게 한 건 결국 인간의 손과 발, 행동이었다. 그러니 생각만 하지 말고 행동으로 옮기라는 교훈을 주는 책이다.

　★ 형상화: '사랑'이라는 단어를 들었을 때 엄마가 아이를 보는 눈빛의 따뜻함.

시크릿한 책 속 비밀

　　재미있는 예시가 많아 '동화책인가?' 착각을 불러일으키기도 하지만 이 책은 아이들을 위한 자기 계발서이다. 책을 읽다 보면 '아, 생각은 이렇게 하는 거구나!' 하고 깨닫게 된다. 이 시대 최고의 지성인 이어령 박사는 창조적인 생각은 다름 아닌, "아이들이 하루하루 만나는 모든 것에 물음표와 느낌표를

붙이고 그 사이를 시계추처럼 왔다 갔다 하는 사이에 커지는 것이다"라고 이야기한다.

사고력 수학, 창의 수학, 창의 논술 등 사고력과 창의력을 배우려고 학원에 다니는 아이들도 많다. 그런데, 사고력이 배운다고 알게 되는 것일까? 창의력은 스스로 생각하고 깨닫는 과정에서 생겨나므로 부모는 좋은 재료를 많이 제공해야 한다. 그 재료는 그냥이 아닌 '왜?'라고 생각할 수 있는 질문을 던지는 것에서 시작해야 한다. 또 가장 중요한 한 가지는 아이에게 『생각 깨우기』 같은 좋은 책을 소개하는 것이 아닐까?

A '호기심' 때문이지요.

그리스 신 제우스는 판도라를 만들었어요. 판도라는 '모든 선물을 받은 여인'이 되었지요. 제우스는 판도라를 지상 세계로 내려보내면서 상자를 하나 주고는 "이 상자는 네게 행운을 가져다 줄 것이니 절대 열어 보지 말아라" 하고 말했죠. 판도라는 호기심을 참지 못하고 상자를 열었고 상자 안에서 슬픔, 질병, 가난, 전쟁, 증오와 질투 등 사람을 고통으로 몰아넣는 불행이 쏟아져 나왔어요. 자! 그럼 판도라가 잘못한 걸까요? 만약 판도라가 호기심을 억누르고 상자를 열지 않았다면 인간은 평화롭고 행복하기만 했을까요?
하루하루 걱정 근심이 없는 날이 지속되면 사람은 게을러지지 않았을까요?
아픔과 슬픔도 없으니 인내심도 용기도 필요 없을 거예요. 사랑이나 기쁨 같은 마음도 반대되는 마음이 무엇인지 모르니 그 가치를 잘 모를지도 모르죠.
평화와 행복에 대한 감사를 느끼는 삶을 가져다 준 호기심. 어쩌면 호기심이 사람을 사람답게 만들어 주는 씨앗은 아닐지 한번 생각해 봐요.

• 오늘 아침 보았던 하늘에서 새는 어떻게 날아갔고 구름은 어떤 모양을 하고 있었나요? 여러분이 오늘 아침에 본 하늘을 그림으로 그려 보세요. 무심코 지나쳤던 세상을 눈을 감고 생각해 보면서 평화에 감사하는 마음을 갖기 바라요.

• 여러분의 이름은 무엇인가요? 왜 이름이 (   )일까요? 왜 그 이름을 갖게 되었는지 말해 보세요.

• 냉장고에서 달걀을 하나 꺼내 그림처럼 세울 수 있을까요? 어떻게 하면
 달걀을 세울 수 있을까요?

콜롬버스는 자신의 아메리카 대륙 발견을 "그냥 서쪽으로 곧장 간 것뿐
이야"라고 말하는 사람들에게 달걀을 세워 보라고 했어요. 그리고 달걀을
톡톡 두드려 아랫부분을 깨트린 다음 세웠지요. 그걸 또 비웃는 사람들에
게 말했어요.
"남이 해 놓고 나면 다 쉬워 보이는 법이다."
여러분도 어떤 생각을 할 때는 늘 고정관념을 깨뜨리고 자유롭게 생각해
보세요.

10대를 위한 정의란 무엇인가 ★『정의란 무엇인가』의 어린이 버전

글, 그림 마이클 샌델, 조혜진   출판사 미래엔아이세움   연계 교과 국어 6

Q '정의'란 무엇일까요?

책 속으로

세상엔 하나의 답으로 풀 수 없는 문제가 많다. 그래서 서로 대화하고 합의를 이루어 나가는 것이 중요하다. 이러한 세상의 모든 해결할 수 없는 문제에 선행해야 하는 것은 '정의'이다.

100km로 빠르게 달리는 기차를 운전하는 기관사 앞에 다섯 명의 사람들이 있다. 기차는 멈출 수 없는 상태, 비상 철로를 보니 단 한 사람이 일을 하고 있다. 기관사는 어떻게 해야 할까? 다섯 명의 목숨과 한 사람의 목숨 중 다섯 명을 지키는 것이 옳은가? 우리가 '정의'를 이해하는 첫 번째 방식은 바로 '행복 극대화' 방식이다. 더 많은 사람을 더 많이 행복하게 하는 것이 좋은 선택이라고 생각한다. 과연 옳은가? 이것을 공리주의라고 한다. 하지만 어떻게 고통과 행복을 숫자로 계산할 수 있을까? 비용과 편익이라는 계산법으로 생명의 값을 매길 수 있는 것인가?

미국 부자 명단을 보면 상위 1퍼센트 부자가 미국 전체 부의 3분의 1을 갖고 있다. 이는 미국 인구 90퍼센트에 해당하는 사람들의 재산을 다 합친 것보다 많은 액수이다. 이들에게 많은 세금을 내라고 한다면 정당한가? 부자들은 자신들이 떳떳하게 번 돈인데 왜 다른 사람보다 더 많은 세금을 내야 하냐고 개인의 권리를 주장한다. 그럼 부자들은 혼자서 부자가 되었을까?

시크릿한 책 속 비밀

분명하게 시시비비를 가릴 수 없는 사건에서 '어떤 것이 옳은 선택인가?'를 판단할 때 우리는 딜레마 상황에 빠지게 된다. 6학년 토론 수업에는 이러한 딜레마 상황 설정으로 찬반 입장의 주장을 펼치게 해 논리적으로 자신의 의견을 주장하는 수업을 자주 한다. 실제 국어 교과서에 '착한 사마리아인의 법'을 제시하고 판단을 하게 하는 차시도 있다.

아이들도 삶을 살아가다 보면 실제로 도덕적 딜레마 상황에 부딪히게 된다. 무엇이 옳은지 어떻게 행동해야 정의로운지 판단이 어려울 때 이 책을 읽은 아이라면 어떤 근거로 판단을 해야 하는지 방향을 찾을 수 있을 것이다. 또 책에 제시된 딜레마 상황을 스스로 판단하려고 끊임없이 생각하면서 메타인지가 발달하고 창의적 사고를 하는 아이로 자라게 될 것이다.

'정의'란 행복, 존중, 공동선 등을 말해요.

'정의로운 것'에 대해 사람들의 생각은 다양해요. 공리주의자는 '최대 다수의 최대 행복'이 정의로운 것이라 말해요. 자유주의자는 '선택의 자유를 존중하는 것', 공동체주의자는 '미덕을 키우고 공동선을 고민하는 것'이라고 말해요.

우리는 소득과 부의 불평등에 관심을 가져야 하지만 이렇게나 다른 서로의 입장도 존중해야 합니다. 정의로운 사회를 만들기 위해서 우리는 강한 책임의식과 공동의 희생정신을 가지고 '민주 시민 의식'을 길러야겠어요.

부모와 아이의 인사이트 확장을 위한 TIP

- "미안해요"라고 말해야 할까요? 예를 들어 과거에 일본이 우리나라에 쳐 들어와 강제로 사람들에게 일을 시키고 제대로 임금을 주지 않았어요. 그 럼 현재의 일본인이 우리에게 사과해야 할까요?

  일본인은 사과하지 않았지만 독일인들은 자신들의 조상이 유대인들을 학 살한 죄를 인정하고 사과했어요. 그리고 배상도 했지요. 왜냐하면 그때 얻 은 이익으로 결국은 자신들이 공부했고 나라가 부강해져서 지금도 누군 가는 그 혜택을 받고 있으니까요. 그럼 여러분은 어떻게 생각하나요?

과거 역사적으로 잘못한 일에 대해 현재 우리가 사과해야 할까요?	
사과하지 않아도 된다.	사과해야 한다.
• 내가 지은 죄가 아니고 　내가 태어나기도 전의 일이다.	• 지난 세대의 일이지만 　내가 속한 공동체의 일이니 사과해야 한다.

현직 교사가 내 아이에게 몰래 읽히고 싶은 인문교양서 50

- '딜레마 상황(두 경우의 수 중 반드시 하나를 선택해야 하나 그 어느 쪽도 바람직 하지 못한 결과를 초래하는 상황)'입니다.

《시골 마을에 하인즈라는 남자가 살고 있었어요. 하인즈의 부인은 암에 걸려 죽어 가고 있는데, 마침 부인을 살릴 수 있는 약이 발명되었지만 이 약의 가격은 매우 비쌌지요. 하인즈는 돈을 구하려고 모든 노력을 기울였 으나 안타깝게도 약 값의 절반밖에 구할 수 없었답니다. 그는 약사에게 찾 아가 상황을 설명하고 외상으로 약을 판매해 달라고 부탁했지만 약사는 거절했어요. 절망에 빠진 하인즈는 부인을 살리기 위해서 어쩔 수 없이 약 을 도둑질하고 말았어요.》

여러분이라면 어떤 선택을 했을까요?

_____

_____

_____

왜? 그런 선택을 했나요?

_____

_____

_____

니 꿈은 뭐이가? ★교과서 수록 도서

글, 그림 박은정, 김진화   출판사 웅진주니어   연계 교과 5-2 국어

"니 꿈은 뭐이가?"

책 속으로

권기옥은 1901년 평안남도 평양에서 4녀 1남 중 둘째 딸로 태어났다. 당시는 아들을 귀히 여기고 딸을 천대하던 시대였다. 아들을 고대하던 아버지는 화가 나는 마음에 기옥의 아명(어린 시절 부르던 이름)을 '얼른 가라, 죽으라'는 뜻의 '갈례'라고 지었다.

1917년 5월 미국인 아트 스미스가 평양에서 곡예비행을 했다. 사람들은 하늘을 나는 비행기를 보고 괴물 같다고 했지만 기옥은 자유롭게 하늘을 가르는 비행기를 보고 비행사를 꿈꾸기 시작했다. 그녀는 성별이나 시대적 한계에 꺾여 꿈을 포기하지 않았다.

당찬 꿈을 꾸던 17살 소녀는 7년 뒤 우리나라 최초의 여자 비행사가 됐다. 권기옥의 꿈은 '독립된 내 나라의 하늘을 자유롭게 날고 싶다'는 것이었다. 소학교를 졸업한 기옥은 본격적으로 독립운동에 뛰어들었다. 독립 자금을 모금해 임시정부에 보내다 잡혀 모진 고문을 받았다. 경찰의 감시가 심해지자 중국으로 밀항한다. 그리고 비행사가 되어 일본에 복수하겠다고 다짐한다. 하늘을 날고 싶다는 꿈이 독립된 내 나라의 하늘을 날고 싶다는 소망이 된 것이다.

그러나 여자로 조선인으로 비행 학교에 입학하는 건 어려운 일이었다. 기옥은 포기하지 않았고 당당하게 비행 학교에 입학하여 고된 비행 훈련을 모두 견뎌 내고 비행사의 꿈을 이루었다.

시크릿한 책 속 비밀

> 5학년 2학기 국어 교과서 '이야기를 읽고 공감하며 대화 나누기' 차시의 제

재이다. 여성 독립운동가들의 삶을 떠올리고 자신의 꿈을 생각해 보는 활동으로 진행된다. 독립운동은 남성들만의 것이었다는 고정관념이 있었다면 권기옥의 이야기를 통해 여성 독립운동가들에 대해 관심을 가져 보길 바란다.

또 인물의 입장이 되어 생각해 보면서 타인을 깊게 이해하는 시간도 갖게 될 것이다. 일제 강점기라는 배경, 독립운동 상황 등이 5학년 사회과와도 연결된다. 현 교육 과정상 한국사는 5학년 사회에서 다뤄진다. 역사를 이해하기 위한 배경지식을 쌓기 위해서도 읽어 두면 좋은 책이다. 무엇보다 어려운 시대에 자신의 꿈을 찾아 당당하게 살아간 위인의 일생은 큰 감동과 배움이 될 것이다.

꿈은 '직업'이 아니라
우리 삶의 '이정표' 같은 것이지요.

권기옥은 북한의 평양 사람이라 "니 꿈은 뭐이가?"라며 사투리로 질문합니다. 흥미롭지요! 명절에 만난 친척 어른들은 "너는 커서 뭐가 되고 싶니?"라는 질문을 하시곤 해요. 우리는 꿈을 말할 때 '꿈을 꾼다'고 해요. '꿈꾼다'는 상상하고 동경하고 이루기 위해 노력한다는 의미가 담긴 표현이랍니다. 우리가 살아가면서 어떤 목표를 정하고 그것을 이루기 위해 그 방향으로 나아가는 것의 이정표 역할을 하는 것이죠.

'작가'라는 꿈을 꾸는 사람이라면 좋은 책을 많이 읽을 것이고 '천문학자'가 꿈인 친구는 별자리를 관찰하겠지요. 꿈을 이야기 할 때 꿈은 '직업'과 같은 말이 아니었으면 좋겠어요. 꿈은 여러분이 되고 싶은 삶의 목표이지 '의사'나 '변호사' 같은 '직업'과 같은 말은 아니니까요.

부모와 아이의 인사이트 확장을 위한 TIP

• 일제 강점기 조선인의 삶을 생각해 보고, 이런 시대적 상황에서 여자로 조
선인으로 비행기 조종사가 된 권기옥 님께 편지를 써 보세요.

고효주,
권기옥을 기억하여 기록하다
MBC 엔터테인먼트

비행사 권기옥

우리나라 최초의 여자 비행사 권기옥 님께

그레타 툰베리

글, 그림 발렌타나 카메리니, 베로니카 베치 카라텔로   출판사 주니어김영사   연계 교과 국어 6

어린이가 '지구'를 구할 수 있을까요?

책 속으로

8월의 어느 날 15살 그레타 툰베리는 지구의 상황을 더 이상 무시하면 안 된다고 생각했다. 각 나라의 국회 정치인들 중 기후 변화를 걱정하는 사람은 없었다. 툰베리는 '기후를 위한 학교 파업' 피켓을 들고 학교로 가는 대신 국회로 갔다. 2018년 8월 20일 툰베리는 등교 파업을 선언했다. 왜냐하면 어른들도 일터에 나가는 대신 광장이나 길거리에 모여 자신의 주장을 펼치는 파업을 하기 때문이었다. 다른 점은 지구에 사는 모든 사람을 위해 툰베리가 혼자 항의했다는 것이다. 피켓을 들고 있던 이튿날 사람들이 관심을 보였고 세 번째 날부터 사람들이 툰베리 주위에 모여 힘을 보탰다. 사람들은 매일매일 늘어났고 이후 SNS에 파업 사진을 공유하기 시작했다.

그레타 툰베리는 지구 온난화가 사람들의 삶을 불가능하게 하기 전에 온실가스를 줄여야 한다고 설명했다. 전 세계 곳곳에서 2만 명 이상의 학생이 '기후를 위한 학교 파업'에 동참하기 시작했다. 툰베리는 제24회 유엔기후변화협약 당사국총회가 열리는 폴란드로 향했다. 그리고 연단에 올라가 온실가스 배출을 멈추고 기후 위기에 귀를 기울이라고 호소했다.

미국 「타임지」는 '2018년 세계에서 가장 영향력 있는 청소년' 명단에 그레타 툰베리를 포함시켰다. 그리고 그녀는 노벨 평화상 후보에 올랐다.

시크릿한 책 속 비밀

6학년 국어 활동 시간에는 주장을 논리적으로 정리해서 '논설문'을 쓰는 활동을 한다. 사실 자신의 주장을 뒷받침할 논리적인 근거를 들고 뒷받침 문장을 써서 완성된 논설문을 쓰는 건 쉬운 일은 아니다. 그레타 툰베리는 각국의 대표자들 앞에서도 당당하게 자신의 의견을 말하고 있다. 그리고 세상을 조금씩 바꾸고 있다. 주장을 펼칠 때 어떤 근거를 들고 어떻게 호소해야 하는지를 잘 보여 주는 툰베리라는 친구를 통해 아이들은 주장하는 말하기에 대해 잘 배울 수 있을 것이다.

　물론 그레타 툰베리에 대한 비판도 있는 것으로 안다. 학교를 가지 않고 있다는 점, 아스퍼거 증후군을 앓고 있다는 점, 한가지 문제에 집중하고 있다는 점 등이다. 하지만 툰베리가 쏘아 올린 공으로 어른들이 '환경'에 관심을 갖게 되었다는 것은 확실하다. 많은 환경 전문가가 지금처럼 온실가스를 배출하고 지구를 함부로 사용하면 2050년에 지구는 멸망할 거라고 말한다. 어린이가 자신의 미래를 설계하고 미래의 환경에 관심을 가져야 지구를 건강하게 지킬 수 있다. 이 책은 우리 생존과 직결된 환경 문제에 아이들의 관심을 이끌고 보다 성숙한 시민 사회의 일원이 될 수 있게 도울 것이다.

Ⓐ 큰 일을 하는데 결코 여러분은 어리지 않아요.

그레타 툰베리, 한 명의 어린 소녀의 용기가 전 세계를 움직이고 있어요. 전 세계 사람이 기후 위기가 얼마나 우리 가까이 와 있는지 지구가 얼마나 병들어 가는지 지구에 관심을 기울이게 되었어요.

2014년에는 17살 말랄라 유사프자이라는 파키스탄 소녀가 노벨 평화상을 받았어요. 탄압 속에서도 파키스탄에서 여자아이들과 청소년이 학교에 갈 수 있는 권리를 주장했고 그 공로를 인정받았기 때문이죠. 이 청소년들을 보면 어려도 세상을 바꿀 수 있고 세상에 여러분의 주장을 펼칠 수 있답니다.

- '그레타 툰베리'가 탄소배출을 줄이려 보름간 거친 파도와 싸우며 요트를 타고 대서양을 건넜어요. 그녀의 연설을 들어 볼까요.

요트로 대서양 건넌
10대 환경운동가
JTBC 뉴스

UN 기후행동 정상회의 연설
서울환경연합

그레타를 만난다면 어떤 말을 해 주고 싶나요?

_____

_____

_____

- '나도 환경 운동가!'가 되어 봅시다. 지구를 지키기 위해 여러분이 할 수 있는 일을 시작해 봅시다. 자신의 주장을 빈칸에 그림이나 글로 써 보세요.

> 이 속도라면 2046년 지구의 온도가 더욱 높아져 토양의 23퍼센트는 땅속 수분이 마른다고 해요. 그래서 육지에서는 심각한 물 부족 문제에 시달릴 것이라고 합니다.
>
> 또 지구 온난화가 계속된다면 빙하가 녹아 지구의 많은 지역이 물에 잠길 것이라고 합니다. 코로나로 인해 일회용품 사용이 늘면서 지구는 더욱 병들어 가고 있어요.
>
> 최근에는 우리나라 청소년들도 '청소년 기후행동'에 나서고 있어요.

<hr />

_____

_____

_____

• 환경 오염에 대한 마인드맵을 해 볼까요? 일상생활에서 만나는 오염의 종
  류에는 어떤 것들이 있는지 구체적으로 써 보세요.

초등학교 국어 교과서
수록 도서 리스트

    부록은 초등학교 국어 교과서에 나오는 제재의 작품 이름을 썼어요. 국어 교과서에는 국어 작품 전체를 실을 수 없으니 제재로 일부분만 다루고 있거든요. 새학기가 시작될 때 부모님이 교과 수록 도서를 찾아 아이들에게 읽혀 보세요. 아이가 자신감 있는 학교생활을 하게 될 거예요. 5, 6학년은 국어 활동 교과서가 없어서 국어(가), (나)교과서만 실었답니다.

    자세히 보면 50권의 작품은 나를 중심으로 사회로 점차 시각을 확장할 수 있도록 책의 순서를 정했답니다. 1, 2학년의 통합교과 『봄』은 나와 친구, 『여름』은 가족, 『가을』은 명절과 친척·사회, 『겨울』은 사회와 우리나라로 영역을 넓혀 가거든요.

    초등학교 국어 교과서 수록 도서 리스트를 체계적으로 읽어 보세요. '나'뿐 아닌 '사회'를 보는 눈이 성장하고 세상을 보는 시각이 점차 확장되는 것을 느낄 수 있을 거예요.

초등 저학년(1~2학년) 국어 교과서 수록 도서

수록 학년과 교과서	책 제목 (출판사)	지은이	확인
1학년 1학기 국어 가	라면 맛있게 먹는 법 문학동네	권오삼	◯
	숨바꼭질 ㄱㄴㄷ 현북스	김재영	◯
	표정으로 배우는 ㄱㄴㄷ 애플비	솔트앤페퍼커뮤니케이션	◯
	소리치자 가나다 비룡소	박정선 글, 백은희 그림	◯
	동물 친구 ㄱㄴㄷ 웅진주니어	김경미	◯
	한글의 꿈 포스터 리틀애나	성유진	◯
	생각하는 ㄱㄴㄷ 도서출판 논장	이보나 흐미엘레프스카	◯
	손으로 몸으로 ㄱㄴㄷ 문학동네	전금하	◯
	말놀이 동요집 1 비룡소	최승호 작사, 방시혁 작곡	◯
	우리 동요 — 랄랄라 신나는 인기 동요 60곡 애플비북스	작자 미상	◯
	깊은 산속 옹달샘 누가 와서 먹나요 예림당	윤석중	◯
	어머니 무명 치마 창작과비평	김종상	◯
	이가 아파서 치과에 가요 받침없는동화	한규호	◯
	어린이 명품 동요 100곡 1 태광음반	박화목 작사, 외국 곡	◯
	인사할까, 말까? 웅진다책	허은미	◯
	1학년 즐거운 생활 올에이미디어	정세문 작사, 신동일 작곡	◯

1학년 1학기 국어 나	구름 놀이 아이세움	한태희	◯
	동동 아기 오리 다섯 수레	권태응	◯
	글자동물원 문학동네	이안	◯
	아가 입은 앵두 보물창고	서정숙	◯
	강아지 복실이 국민서관	한미호	◯
1학년 2학기 국어 가	꿀 독에 빠진 여우 학원출판공사	안선모	◯
	까르르 깔깔 미세기	이상교	◯
	나는 책이 좋아요 책그릇	앤서니 브라운 글, 허은미 옮김	◯
	콩 한알과 송아지 애플트리태일즈	한해숙	◯
	1학년 동시교실 주니어김영사	최명란 엮음, 오승민 그림 김종삼 글	◯
	몰라쟁이 엄마 우리교육	이태준	◯
1학년 2학기 국어 활동 가	지구시간 동아일보	황중환	◯
	내마음의 동시 1학년 계림북스	김상련	◯
1학년 2학기 국어 나	몽몽 숲의 박쥐 두마리 한국차일드아카데미	이혜옥	◯
	도토리 3형제의 안녕하세요 길벗어린이	이현주	◯
	소금을 만드는 맷돌 예림아이	홍윤희	◯
	나는 자라요 창비	김희경	◯
	숲속 재봉사 창비	최향랑	◯
	엄마 내가 할래요! 장영	장선희	◯

윤동주 시집 범우사	윤동주	○
우산 쓴 지렁이 현암사	오은영	○
내 별 잘 있나요 상상의 힘	이화주	○
아니, 방귀 뽕나무 사계절출판사	김은영	○
아빠 얼굴이 더 빨갛다 리젬	김시민	○
딱지 따먹기 — 아이들 시로 백창우가 만든 노래 — 도서출판 보리	강원식(학생) 동시, 백창우 작곡	○
아주 무서운 날 찰리북	탕무니우 글, 홍연숙 옮김	○
으악, 도깨비다! 느림보	손정원 글, 유애로 그림	○
기분을 말해 봐요 도서출판 다림	디디에 레비 글, 장석훈 옮김	○
오늘 내 기분은…… 키즈엠	메리앤 코카-레플러 글, 김영미 옮김	○
내 꿈은 방울토마토 엄마 키위북스	허윤	○
우당탕탕 아이쿠 한국교육방송공사	(주)마로 스튜디오	○
깨롱깨롱 놀이 노래 도서출판 보리	편해문 엮음	○
어린이가 정말 알아야 할 우리 전래 동요 현암사	신현득 엮음	○
작은 집 이야기 시공주니어	버지니아 리버튼	○
까만 아기 양 도서출판 푸른그림책	엘리자베스 쇼 글, 유동환 옮김	○

2학년 1학기 국어 가

2학년 1학기 국어 나	큰 턱 사슴벌레 VS 큰 뿔 장수풍뎅이 스콜라	장영철	◯
	선생님, 바보 의사 선생님 — 의사 장기려 이야기 — 웅진주니어	이상희	◯
	명품 유아 동요 영어 동요 150 G.M뮤직	곽진영 작사, 강수현 작곡	◯
	신기한 독 도서출판 보리	홍영우	◯
	욕심쟁이 딸기 아저씨 도서출판 노란돼지	김유경	◯
	치과 의사 드소토 선생님 비룡소	윌리엄 스타이그 글, 조은수 옮김	◯
2학년 1학기 국어 활동	짝 바꾸는 날 도토리 숲	이일숙	◯
	동무동무 씨동무 창작과비평사	편해문 엮음	◯
	우리 동네 이야기 푸른책들	정두리	◯
	42가지 마음의 색깔 레드스톤	크리스티나 누녜스 페레이 라·라파엘 R. 발카르셀 글, 남진희 옮김	◯
	머리가 좋아지는 그림책 — 창의력편 — 파란하늘	우리누리	◯
	내가 조금 불편하면 세상은 초록이 돼요 토토북	김소희	◯
	내가 도와줄게 비룡소	테드 오닐·제니 오닐 글, 노은정 옮김	◯
	7년 동안의 잠 작가정신	박완서	◯

	수박씨 창비	최명란	◯
	참 좋은 짝 푸른책들	손동연	◯
	나무는즐거워 비룡소	이기철	◯
	훨훨 간다 국민서관	권정생	◯
	김용택 선생님이 챙겨주신 1학년 책가방 동화 파랑새	선안나	◯
	신발 속에 사는 악어 사계절출판사	위기철	◯
2학년 2학기 국어 가	아홉 살 마음 사전 창비	박성우	◯
	신발 신은 강아지 스콜라	고상미	◯
	크록텔레 가족 교학사	파트리시아 베르비 글, 양진희 옮김	◯
	산새알 물새알 푸른 책들	박목월	◯
	저 풀도 춥겠다 부산알로이시오초등학교 3학년 학급문집	한영우 (학생)	◯
	유치원 인기 동요 BEST 50 웅진 주니어	웅진주니어 편집부	◯
	호주머니 속 알사탕 문학과지성사	이송현 글, 전미화 그림	◯
2학년 2학기 국어 활동 가	교과서 전래 동화 거인	조동호	◯
	원숭이 오누이 한림출판사	채인선	◯
	개구리와 두꺼비는 친구 비룡소	아널드 로벨 글, 엄혜숙 옮김	◯
2학년 2학기 국어 나	콩이네 옆집이 수상하다! 문학동네	천효정	◯
	불가사리를 기억해 사계절출판사	유영소	◯

수록 학년과 교과서	책 제목 (출판사)	지은이	확인
2학년 2학기 국어 나	종이 봉지 공주 비룡소	로버트 먼치 글, 김태희 옮김	○
	콩이네 옆집이 수상하다	천효정 글, 윤정주 그림	○
	거인의 정원 아이위즈, 웅진씽크하우스	오스카 와일드	○
	나무들이 재잘거리는 숲 이야기 풀과바람	김남길	○
	언제나 칭찬 사계절 출판사	류호선	○
	팥죽 할멈과 호랑이 시공주니어	박윤규	○
2학년 2학기 국어 활동 나	엄마를 잠깐 잃어버렸어요 보람출판사	크리스 호튼 글, 김상미 옮김	○

초등 중학년(3~4학년) 국어 교과서 수록 도서

수록 학년과 교과서	책 제목 (출판사)	지은이	확인
3학년 1학기 국어 가	곱구나! 우리 장신구 한솔수북	박세경	○
	소똥 밟은 호랑이 영림카디널	박민호 글, 전병준 그림	○
	너라면 가만있겠니? 청개구리	우남희	○
	꽃 발걸음 소리 아침마중	오순택	○
	아! 깜짝 놀라는 소리 푸른책들	신형건	○
	바삭바삭 갈매기 한림출판사	전민걸	○
	책이 사라진 날 한솔수북	고정욱	○

3학년 1학기 국어 가	바람의 보물찾기 청개구리	강현호	◯
	삐뽀삐뽀 눈물이 달려온다 문학동네	김륭	◯
	리디아의정원 시공주니어	사라 스튜어트 글, 이복희 옮김	◯
	한눈에 반한 우리 미술관 사계절출판사	장세현	◯
	플랑크톤의 비밀 예림당	김종문	◯
3학년 1학기 국어 나	꿈나무영등포 영등포구청	영등포구청	◯
	명절 속에 숨은 우리 과학 시공주니어	오주영	◯
	아씨방 일곱 동무 비룡소	이영경	◯
	개구쟁이 수달은 무얼 하며 놀까요? 재능아카데미	왕입분	◯
	프린들 주세요 사계절출판사	앤드루 클레먼츠 글, 햇살과 나무꾼 옮김	◯
	알고 보면 더 재미있는 곤충이야기 뜨인돌어린이	김태우, 함윤미	◯
	짝 바꾸는 날 도토리숲	이일숙	◯
	축구부에 들고 싶다 창비	성명진	◯
	쥐눈이콩은 기죽지 않아 문학동네	이준관	◯
	만복이네 떡집 비룡소	김리리	◯
3학년 1학기 국어 활동	감자꽃 보물창고	권태웅	◯
	귀신보다 더 무서워 도서출판 보리	허은순	◯
	아드님, 진지 드세요 좋은책어린이	강민경	◯

3학년 1학기 국어 활동	다달이 나오는 어린이 잡지 개똥이네 놀이터 도서출판 보리	허정숙	○
	종이접기 백선 5 종이나라	종이나라편집부	○
	도토리 신랑 도서출판 보리	서정오	○
	씨앗부터 나무까지 식물이 좋아지는 식물책 다른세상	김진옥	○
	하루와 미요 문학동네	임정자	○
	타임캡슐 속의 필통 창비	남호섭	○
	바위나리와 아기별 길벗어린이	마해송	○
3학년 2학기 국어 가	거인 부벨라와 지렁이 친구 주니어RHK	조 프리드먼 글, 지혜연 옮김	○
	어쩌면 저기 저 나무에만 둥지를 틀었을까 만인사	이정환	○
	까불고 싶은날 창비	정유경	○
	눈 코 귀 입 손! 위즈덤북	박행신	○
	진짜 투명 인간 씨드북	레미 쿠르종 글, 이정주 옮김	○
	지렁이 일기 예보 비룡소	유강희	○
	내 입은 불량 입 크레용하우스	경화봉화분교 어린이들	○
3학년 2학기 국어 나	꼴찌라도 괜찮아! 휴이넘	유계영	○
	온 세상 국기가 펄럭펄럭 웅진주니어	서정훈	○
	이야기 할아버지의 이상한 밤 한림출판사	임혜령	○
	무툴라는 못 말려! 국민서관	베벌리 나이두 글, 강미라 옮김	○

3학년 2학기 국어 활동	귀신 선생님과 진짜 아이들 사계절출판사	남동윤 글	○
	가자, 달팽이 과학관 도서출판 보리	보리 편집부 글, 권혁도 그림	○
	꽃과 새, 선비의 마음 보림출판사	고연희	○
	별난 양반 이 선달 표류기 1 웅진주니어	김기정	○
	알리키 인성 교육 1: 감정 미래아이	알리키 브란덴 베르크 글, 정선심 옮김	○
	아인슈타인 아저씨네 탐정 사무소 주니어김영사	김대조	○
	숨 쉬는 도시 꾸리찌바 파란자전거	안순혜	○
	눈 베틀북	박웅현	○
4학년 1학기 국어 가	멋져 부러, 세발자전거 낮은산	김남중	○
	산 웅진닷컴	전영우	○
	동시마중 제31호	김자연	○
	100살 동시 내 친구 청개구리	한국동시문학회	○
	사과의 길 문학동네	김철순	○
	경주 최씨 부자 이야기 여원미디어	조은정	○
	나비를 잡는 아버지 효리원	현덕	○
	가끔씩 비 오는 날 창비	이가을	○
	우산 속 둘이서 21문학과문화	장승련	○
	맛있는 과학 — 6. 소리와 파동 주니어김영사	문희숙	○

4학년 1학기 국어 가	나무 그늘을 산 총각 춤추는 꼬리연	권규헌	○
	경제의 핏줄, 화폐 미래아이	김성호	○
	무지개 도시를 만드는 초록 슈퍼맨 스콜라	김영숙	○
	조선 사람들의 소망이 담겨 있는 신사임당 갤러리 도서출판 그린북	이광표	○
	지붕이 들려주는 건축 이야기 현암주니어	남궁담	○
	쩌우 까우 이야기 창작과비평사	김기태 엮음	○
	아름다운 꼴찌 알에이치코리아	이철환	○
	초록 고양이 사계절출판사	위기철	○
4학년 1학기 국어 나	알고 보니 내 생활이 다 과학! 예림당	김해보, 정원선	○
	콩 한 쪽도 나누어요 열다출판사	고수산나	○
	생명, 알면 사랑하게 되지요 더큰아이	최재천	○
	세종대왕, 세계 최고의 문자를 발명하다 보물창고	이은서	○
	세계 속의 한글 박이정출판사	홍종선	○
	주시경 비룡소	이은정	○
	나 좀 내버려 둬 길벗어린이	박현진	○
	두근두근 탐험대 (1부 모험의 시작) 도서출판보리	김홍모	○
	비빔툰 9 (끝은 또 다른 시작) 문학과지성사	홍승우	○

4학년 1학기 국어 활동	내 맘처럼 열린어린이	최종득	◯
	고래를 그리는 아이 시공주니어	윤수천	◯
	이솝 이야기 아이즐	이솝 원작, 차보금 엮음	◯
	꽃신 사파리	윤아해	◯
	아는 길도 물어 가는 안전 백과 풀과바람	이성률	◯
	신기한 그림 족자 비룡소	이영경	◯
	놀면서 배우는 세계 축제1 도서출판 꿈꾸는 꼬리연	유경숙	◯
	가을이네 장 담그기 책읽는곰	이규희	◯
4학년 2학기 국어 가	오세암 창비	정채봉	◯
	매일매일 힘을 주는 말 도서출판 개암나무(주)	박은정	◯
	세상에서 가장 유명한 위인들의 편지 채우리	오주영 엮음	◯
	사라, 버스를 타다 사계절출판사	윌리엄 밀러 글, 박찬석 옮김	◯
	콩닥콩닥 짝 바꾸는 날 시공주니어	강정연	◯
	젓가락 달인 바람의 아이들	유타루	◯
4학년 2학기 국어 나	5000년 한국 여성 위인전 1 혼진피앤엠	신현배	◯
	정약용 비룡소	김은미	◯
	사흘만 볼 수 있다면 그리고 헬렌 켈러 이야기 두레아이들	헬렌 켈러 글, 신여명 옮김	◯
	어머니의 이슬 털이 북극곰	이순원	◯

4학년 2학기 국어 나	투발루에게 수영을 가르칠 걸 그랬어! 미래아이	유다정	◯
	우리 속에 울이 있다 푸른책들	박방희	◯
	쉬는 시간에 똥 싸기 싫어 토토북	김개미	◯
	지각 중계석 문학동네	김현욱	◯
	멸치 대왕의 꿈 키즈엠	천미진	◯
4학년 2학기 국어 활동	아들아, 너는 미래를 이렇게 준비하렴 도서출판 글고은	필립 체스터필드 글, 박은호 엮음	◯
	100년후에도읽고싶은한국명작동화 II 예림당	한국명작동화선정위원회	◯
	두고두고 읽고 싶은 한국 대표 창작 동화 3 계림북스	이원수	◯
	함께 사는 다문화 왜 중요할까요? 나무생각	홍명진	◯
	우리 조상들은 얼마나 책을 좋아했을까? 보물창고	마술연필	◯
	초희의 글방 동무 도서출판 개암나무	장성자	◯
	멋진 사냥꾼 잠자리 길벗어린이	안은영	◯
	자유가 뭐예요? 상수리	오스카 브르니피에 글, 양진희 옮김	◯
	고학년을 위한 동요 동시집 상서각	김형경	◯
	기찬 딸 시공주니어	김진완	◯

234 현직 교사가 내 아이에게 몰래 읽히고 싶은 인문교양서 50

초등 고학년(5~6학년) 국어 교과서 수록 도서

수록 학년과 교과서	책 제목 (출판사)	지은이	확인
5학년 1학기 국어	참 좋은 풍경 청개구리	박방희	◯
	어린이를 위한 시크릿: 꿈을 이루는 일곱 가지 비밀 살림어린이	김현태 ·윤태익	◯
	별을 사랑하는 아이들아 도서출판 푸른책들	윤동주	◯
	난 빨강 (주)창비	박성우	◯
	가랑비 가랑가랑 가랑파 가랑가랑 (주)사계절출판사	정완영	◯
	수일이와 수일이 (주)우리교육	김우경	◯
	마음의 온도는 몇 도일까요? 주니어김영사	정여민	◯
	색깔 속에 숨은 세상 이야기 아이세움	박영란· 최유성	◯
	브리태니커 만화 백과: 여러 가지 식물 아이세움	봄봄 스토리	◯
	공룡 대백과 웅진주니어	한상호· 이용규· 박지은	◯
	생각이 꽃피는 토론2 이비락 2018	황연성	◯
	여행자를 위한 나의 문화유산 답사기2 (주)창비	유홍준	◯
	바람 소리 물소리 자연을 닮은 우리 악기 (주)문학동네	청동말굽	◯
	지켜라! 멸종 위기의 동식물 도서출판 뭉치	백은영	◯
	청자의 이해 지도에 관한 연구(2003) 미술 교육 농촌 17	류재만	◯
	잘못 뽑은 반장 주니어김영사	이은재	◯

5학년 2학기 국어	바다가 튕겨 낸 해님 청개구리	박희순	◯
	니 꿈은 뭐이가? 웅진주니어	박은정	◯
	어린이 문화재 박물관 2 (주)사계절출판사	문화재청 엮음	◯
	전통 속에 살아 숨 쉬는 첨단 과학 이야기 (주)교학사	윤용현	◯
	악플전쟁 별숲	이규희	◯
	뻥튀기는 속상해 (주)푸른책들	한상순	◯
	고맙습니다, 선생님 아이세움	패트리샤 폴라코 글, 유수아 옮김	◯
	파브르 식물 이야기 (주)사계절출판사	장 앙리 파브르 글, 추둘란 옮김	◯
	한지돌이 (주)보림출판사	이종철	◯
	꿈을 찾아 떠나는 여행 (주)미래엔	기은서(학생 작품)	◯
6학년 1학기 국어	뻥튀기 (주)주니어이서원	고일	◯
	내 마음의 동시 6학년 계림북스	심후섭	◯
	가랑비 가랑가랑 가랑파 가랑가랑 (주)사계절출판사	정완영	◯
	황금 사과 뜨인돌어린이	송희진 글, 이경혜 옮김	◯
	우주 호텔 해와나무	유순희	◯
	속담 하나 이야기 하나 산하	임덕연	◯
	등대섬 아이들 신아출판사	주평	◯
	말대꾸하면 안 돼요? (주)창비	배봉기	◯
	조선 왕실의 보물 의궤 토토북	유지현	◯

6학년 1학기 국어	얘, 내 옆에 앉아! (주)푸른책들	노원호	◯
	불패의 신화가 된 명장 이순신 웅진씽크빅	이강엽	◯
	샘마을 몽당깨비 (주)창비	황선미	◯
	아버지의 편지 함께읽는책	정약용 글, 한문희 엮음	◯
6학년 2학기 국어	의병장 윤희순 (주)한솔수북	정종숙	◯
	구멍 난 벼루 토토북	배유안	◯
	열두 사람의 아주 특별한 동화 파랑새	송재찬	◯
	이모의 꿈꾸는 집 문학과지성사	정옥	◯
	노래의 자연 시인생각	정현종	◯
	생각 깨우기 푸른숲주니어	이어령	◯
	지구촌 아름다운 거래 탐구 생활 파란자전거	한수정	◯
	사회 선생님이 들려주는 공정 무역 이야기 (주)살림출판사	전국사회교사모임	◯
	배낭을 멘 노인 문공사	박현경·김운기 원작, 김주연 각색	◯
	완희와 털복숭이 괴물(샬럿의 거미줄) 도서출판 연극, 놀이 그리고 교육	조셉 로비넷 글, 김정호 옮김	◯
	쉽게 읽는 백범 일지 돌베개	김구	◯
	장복이, 창대와 함께하는 열하일기 한국고전번역원	박지원 원작, 강민경 글	◯
	아트와 맥스 시공주니어	데이비드 위즈너	◯
	나는 비단길로 간다(대상주 홍라) (주)도서출판 푸른숲	이현	◯
	식구가 늘었어요 청개구리	조영미	◯